Paulus Potter

Zurück in Kassel

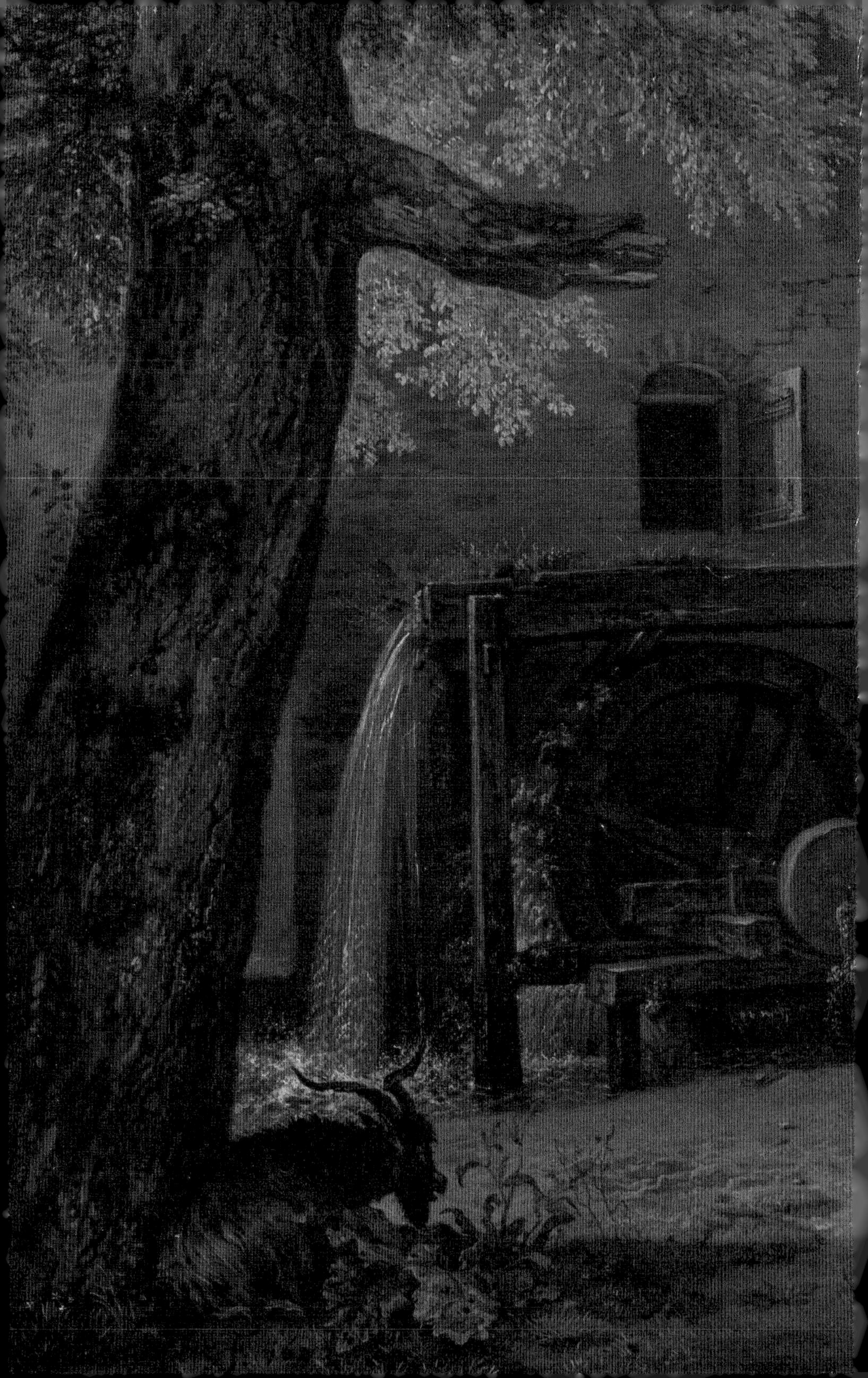

Paulus Potter
Zurück in Kassel

Justus Lange

Hessen Kassel Heritage
Deutscher Kunstverlag

Hessen Kassel Heritage
Wissenschaftliche Reihe, Bd. 7

Herausgeber:
Hessen Kassel Heritage
Projektkoordination:
Gisela Bungarten
Text und Bearbeitung:
Justus Lange
Redaktion:
Gisela Bungarten
Lektorat:
Sabina Köhler, Kassel
Fotografie:
Ute Brunzel, Mirja van IJken und Katrin Venhorst
Gestaltungskonzept und Layout:
Annett Osterwold, Berlin
Druckerei:
Boxan, Kassel

Verlag und Vertrieb:
Deutscher Kunstverlag
Genthiner Straße 13, 10785 Berlin
www.deutscherkunstverlag.de
Ein Verlag der Walter de Gruyter GmbH, Berlin Boston
www.degruyter.com
Fragen zur allgemeinen Produktsicherheit:
productsafety@degruyterbrill.com

Library of Congress Cataloging-in-Publication Data
A CIP catalog record for this book has been applied for at the Library of Congress.

Bibliographische Information der Deutschen Nationalbibliothek

Die Deutsche Nationalbibliothek verzeichnet diese Publikation in der Deutschen Nationalbibliographie; detaillierte bibliographische Daten sind im Internet über http://dnb.dnb.de abrufbar.

HESSEN

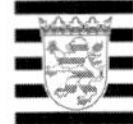

Hessen Kassel Heritage
ist eine Einrichtung des Landes Hessen

ISBN 978-3-422-80307-7
e-ISBN (PDF) 978-3-422-80309-1

Inhalt

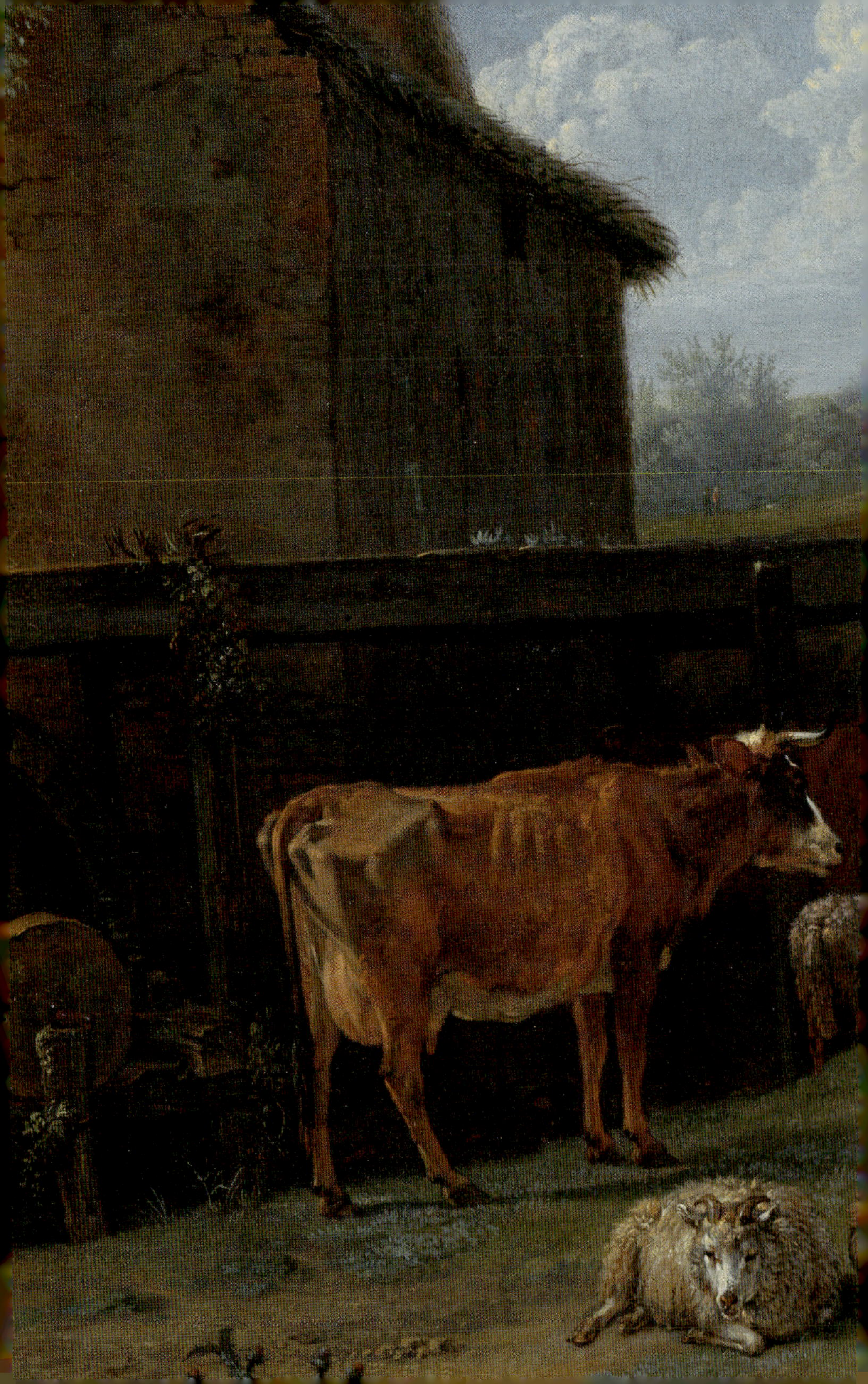

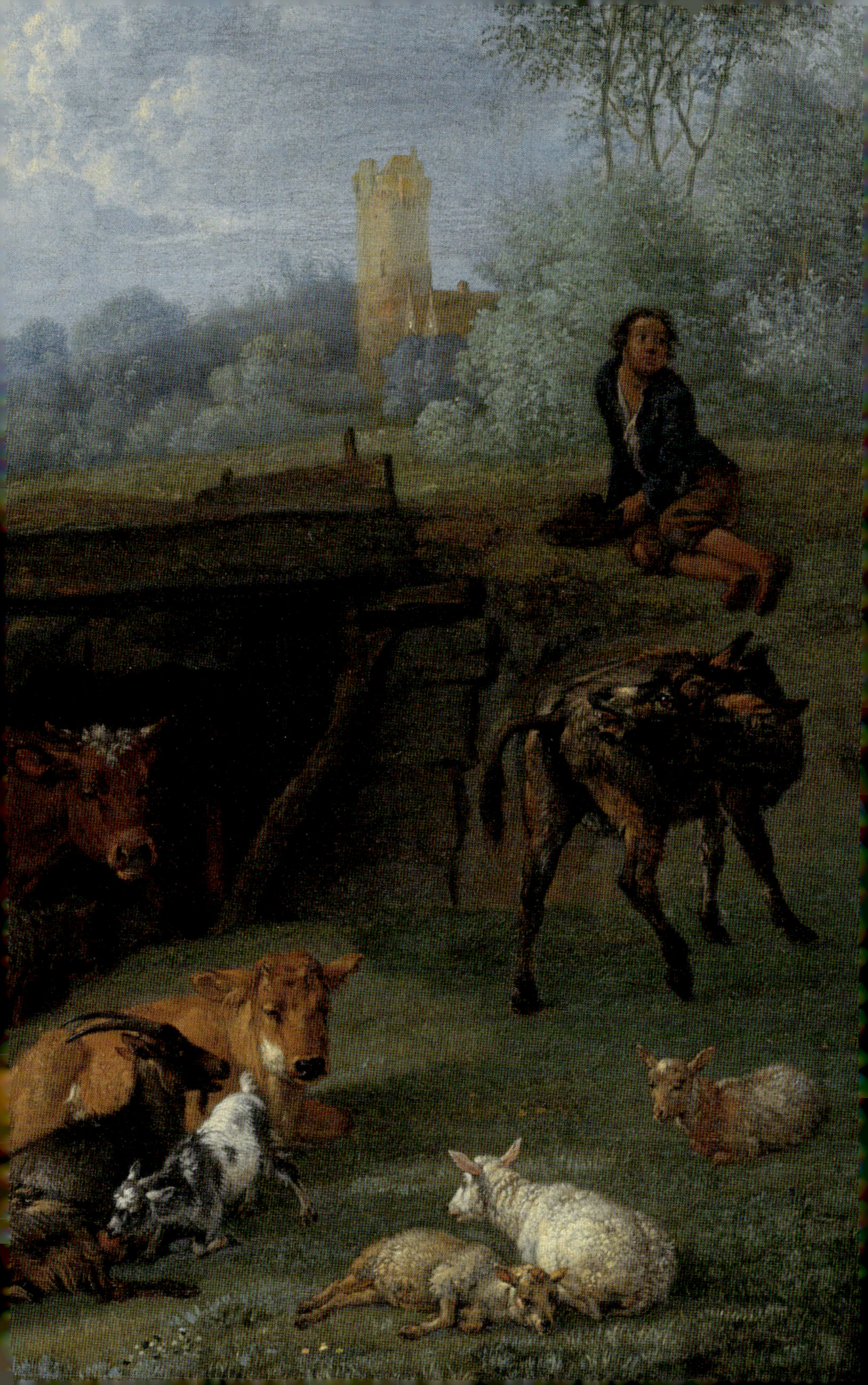

Vorwort

Der Rückerwerb von Paulus Potters *Die Wassermühle* aus dem Jahr 1653, eines seiner letzten Gemälde, ist in mehrerlei Hinsicht ein besonderes Ereignis. Zum einen ist es eine schöne Sache, wenn ein durch die Wirren der Zeit aus der Sammlung verloren gegangenes Gemälde wieder an seinen ursprünglichen Sammlungsort zurückkehrt. Gerade die Kasseler Gemäldegalerie hat ja im Zuge der napoleonischen Besetzung der Stadt nicht wenige Werke verloren. Einige dieser Verluste sind heute in Museen rund um den Globus zu sehen, etwa in London, New York oder St. Petersburg. Andere wiederum verschwanden in Privatsammlungen und so ist es immer wieder ein Ereignis, wenn eines dieser ehemaligen Kasseler Bilder auf dem Kunstmarkt auftaucht. Für das Gemälde Potters trifft beides in gewisser Weise zu. Und damit kommen wir zum anderen, das diese Rückkehr so besonders macht. Denn *Die Wassermühle* wurde 1998 auf einer Auktion in London von Hermann Röchling für seine Sammlung Alter Meister erworben. Später brachte er diese Sammlung in die Fontana Stiftung ein und vermachte sie schließlich testamentarisch der Kunsthalle Karlsruhe mit der ausdrücklichen Erlaubnis aus der Stiftung diejenigen Werke zu veräußern, die nicht in das Karlsruher Sammlungsprofil passen, um mit dem Erlös andere Alte Meister für die Kunsthalle zu erwerben. Ein überaus großzügiges und weitsichtiges Vermächtnis! So kam es, dass der damalige Leiter der Gemäldegalerie Holger Jacob-Friesen sich an seinen Kollegen Justus Lange in Kassel wandte, da er um die Herkunft der *Wassermühle* aus der Kasseler Sammlung wusste. Schnell war klar, dass das Gemälde nach Kassel zurückkehren sollte, stammte es doch zudem aus der seinerzeit berühmten Sammlung Röver, dem prestigeträchtigsten Ankauf Landgraf Wilhelms VIII.

Ich danke deshalb sehr herzlich den Förderern dieses Rückerwerbs. Die Kulturstiftung der Länder, die Ernst von Siemens Kunststiftung und der Museumsverein Kassel haben dies in gewohnt guter Zusammenarbeit ermöglicht. Persönlich geht der Dank an Prof. Dr. Marcus Hilgert, Generalsekretär der Kulturstiftung der Länder, Dr. Martin Hoernes, Generalsekretär der Ernst von Siemens Kunststiftung, und Susanne von Baumbach, Vorsitzende des Museumsvereins Kassel. Prof. Dr. Holger Jacob-Friesen, jetzt Direktor der Gemäldegalerie Alte Meister in Dresden, sowie Prof. Dr. Stephan Scherer von der Fontana Stiftung in Baden-Baden sei für die badisch-hessische Kooperation bei der Abwicklung gedankt. Dr. Justus Lange, Leiter der Gemäldegalerie Alte Meister, danke ich für seine Initiative zum Rückerwerb sowie für die Erstellung der Begleitpublikation. Sie zeichnet erstmals die Geschichte der Kasseler Potter-Sammlung nach – im 18. Jahrhundert mit zehn Gemälden die größte überhaupt. Mit der Rückkehr der *Wassermühle* sind es jetzt immerhin wieder drei Werke, die zudem einen guten Eindruck von der Entwicklung des jung verstorbenen Künstlers vermitteln.

Prof. Dr. Martin Eberle

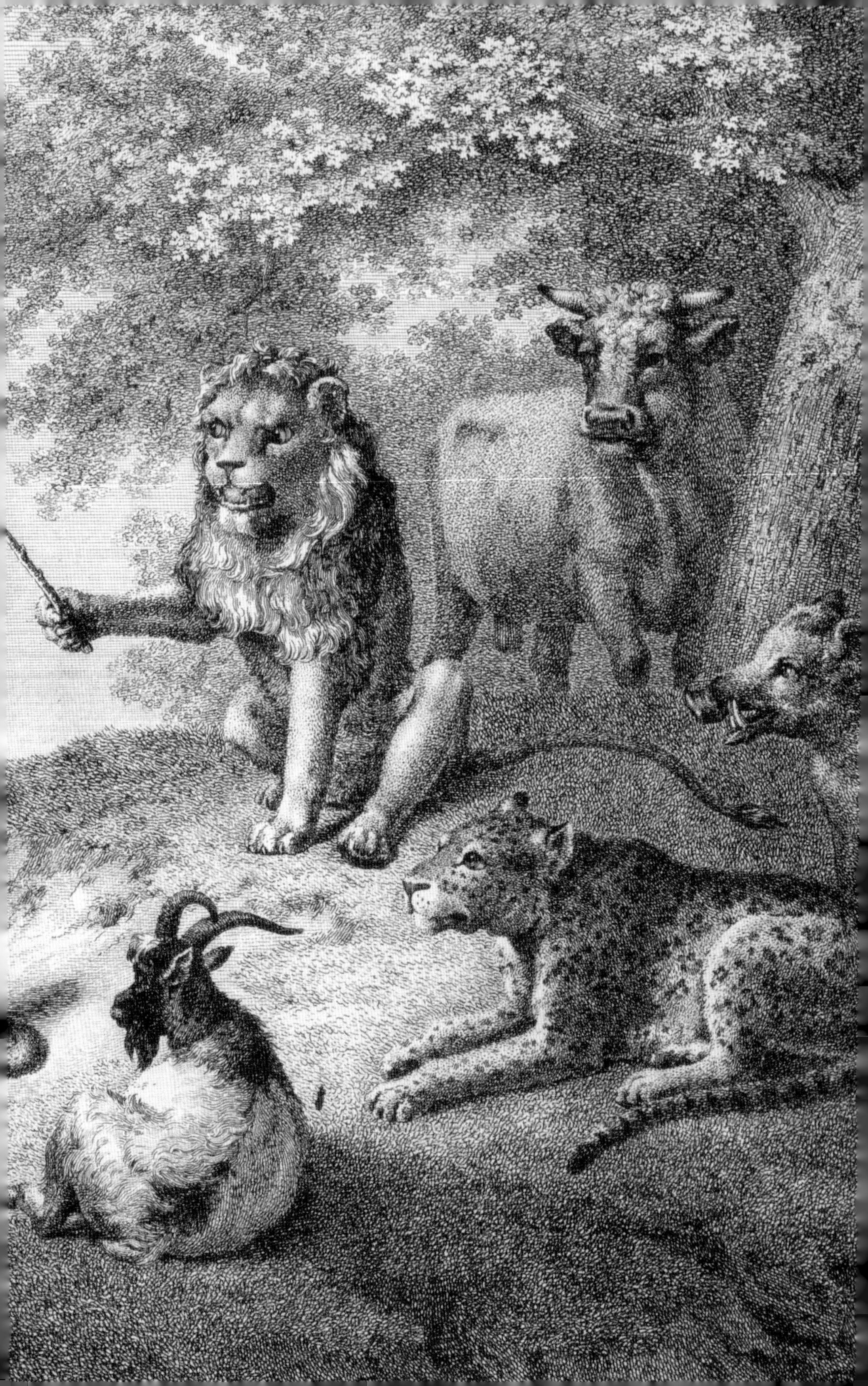

Grußwort

Zwei Jahre Geheimverhandlungen waren diesem Ankauf vorausgegangen: 1750 konnte Landgraf Wilhelm VIII. von Hessen-Kassel 64 Meisterwerke der Privatsammlung Valerius Röver von der Delfter Kunstsammlerin und Witwe Rövers, Cornelia van der Dussen, erwerben. Als einer der Sammelschwerpunkte fürstlicher Gemäldegalerien jener Zeit nahm die niederländische Malerei des 17. Jahrhunderts auch im Bestand des Landgrafen einen wichtigen Stellenwert ein. In nationalen und internationalen Kunstmetropolen wie Antwerpen, Venedig, Paris oder Brüssel ließ der Landgraf seine Kunstagenten und Diplomaten bedeutende Werke ankaufen und baute so in den Jahren 1748 und 1756 eine beachtliche Sammlung mit rund 800 Werken auf, die den Grundstock der heutigen Gemäldegalerie Alte Meister im Schloss Wilhelmshöhe in Kassel bilden.

Mit dem 1750 gelungenen Neuankauf gingen gleich drei Werke des bereits zu Lebzeiten erfolgreichen und im 18. Jahrhundert überaus beliebten niederländischen Malers Paulus Potter in den Besitz von Wilhelm VIII. über, darunter das Werk *Die Wassermühle*. Anders als Potters frühe, oftmals monumental wirkende Tierdarstellungen handelt es sich bei dem 1653 entstandenen Gemälde um ein charakteristisches Beispiel seines späten künstlerischen Schaffens, das mit dem Motiv der Wassermühle ein wesentliches Element der damaligen Land- und Wasserwirtschaft aufgreift. Doch die Reise von Delft nach Kassel sollte nur ein kleiner Ausschnitt einer insgesamt bewegten und bis in die Gegenwart gut dokumentierten Geschichte dieses Gemäldes bleiben, die viel über die Rezeption und Wertschätzung des Werks in einer Vielzahl von Privatsammlungen und im spezialisierten Kunstmarkt bis ins späte 20. Jahrhundert hinein verrät. Nachdem Potters *Wassermühle* 1813 durch Jérôme Bonaparte nach Frankreich überführt und veräußert wurde, gelangte das Werk in den folgenden Jahrzehnten durch weitere An- und Verkäufe u. a. nach London, Hampshire, Dieren und Dortmund und kehrt nun – nach über 270 Jahren – in die Gemäldegalerie Alte Meister in Kassel zurück.

Ich freue mich sehr, dass die Kulturstiftung der Länder Hessen Kassel Heritage bei der Erwerbung von Paulus Potters Werk *Die Wassermühle* unterstützen konnte. Im Auftrag der 16 Länder fördert die Kulturstiftung der Länder seit über 35 Jahren die Erwerbung, den Erhalt, die Dokumentation, Präsentation und die Vermittlung von Kulturgut, das für das kulturelle Selbstverständnis und gesellschaftliche Zusammenleben der Menschen in Deutschland einen hohen Wert besitzt. *Die Wassermühle*, das charakteristische und wichtige Spätwerk Potters, ist für die Stadt Kassel und die Sammlung der Gemäldegalerie von großer historischer Bedeutung. Im Kontext der Rezeptionsgeschichte holländischer und flämischer Malerei der heutigen Kasseler Sammlung wird das Schaffen des vor allem als hochspezialisierter Tiermaler bekannten Künstlers sowohl der Öffentlichkeit vermittelt als auch mit dem vorliegenden Band nachhaltig dokumentiert sowie der Forschung zur Verfügung gestellt.

Prof. Dr. Markus Hilgert
Generalsekretär der Kulturstiftung der Länder

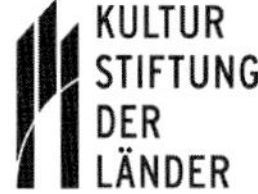

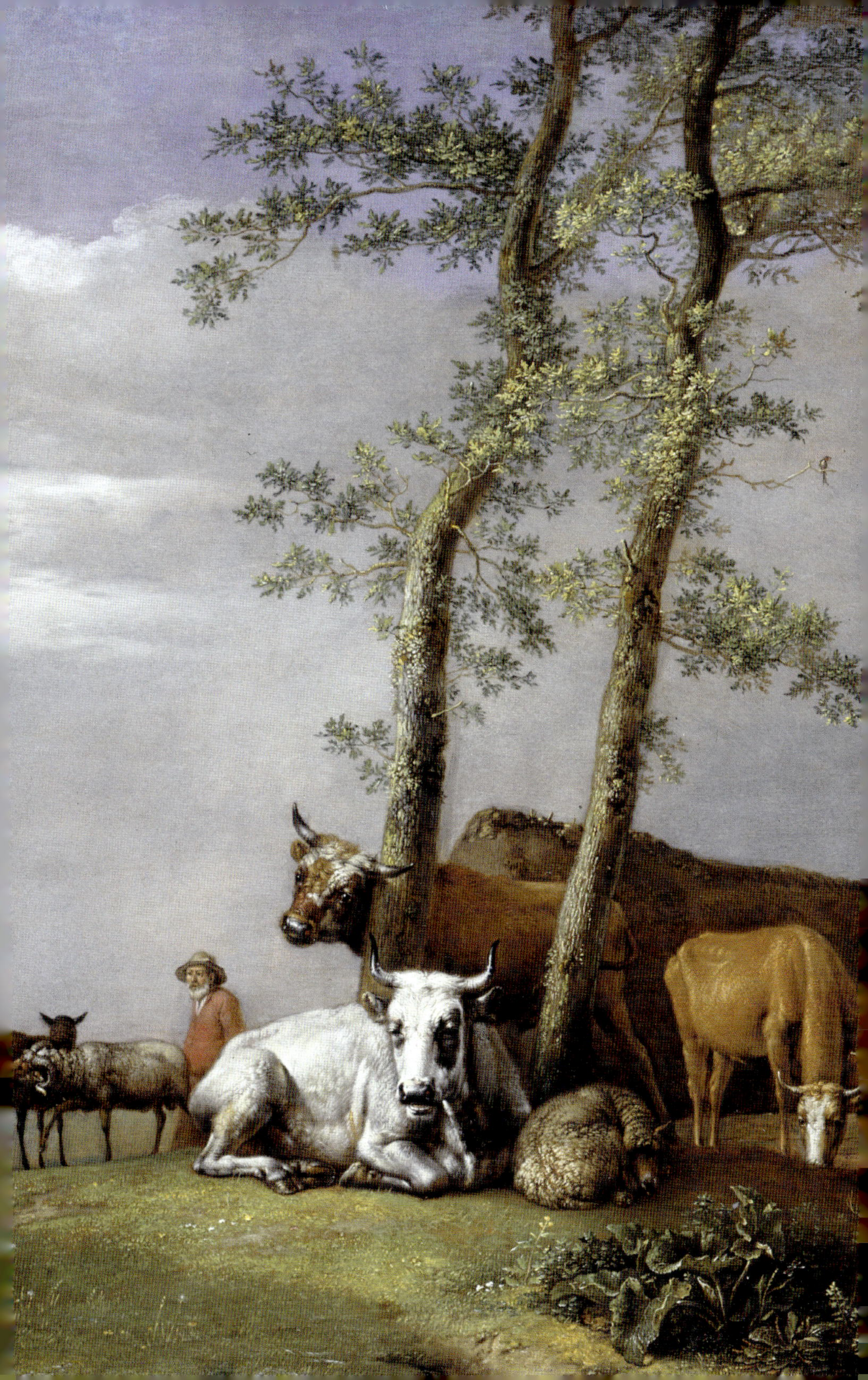

Grußwort

Die erfolgreiche Rückkehr des Gemäldes *Die Wassermühle* von Paulus Potter nach Kassel ist ein Projekt, an dem wir uns gerne beteiligt haben, hat unser Gründer doch die Rückführung verlorener Kunstwerke in die Museen als eines der Ziele seiner Kunststiftung formuliert. Das Gemälde gehörte zu der berühmten Sammlung des Valerius Röver in Delft, die Landgraf Wilhelm VIII. von Hessen-Kassel nach über zweijähriger Geheimverhandlung im Jahr 1750 en bloc von der Witwe für seine Gemäldegalerie erwerben konnte. Es war der fulminante Ankauf seiner überaus glücklichen Sammlungsaktivität. Sie galt als die bedeutendste Privatsammlung der Niederlande im 18. Jahrhundert und umfasste insgesamt 64 hochkarätige Werke – darunter einige Meisterwerke, die bis heute zu den Glanzlichtern der Gemäldegalerie Alte Meister zählen. Allein acht Werke Rembrandts waren darunter. Begeistert schrieb Wilhelm an seinen Vertrauten Baron Häckel in Frankfurt: »Meine neue A[k]quisition ist, wie Er versichert sein kann, ganz ungemein schön und übertrifft alle die gute Opinion, so davon gehabt.« Und an seinen Agenten Govert van Slingelandt schrieb Wilhelm nicht minder erfreut: »Die Rembrandts und der größte Teil der Stücke die von anderen berühmten Malern gemacht wurden, sind so wahr, bedeutend und herrlich, dass ich [...] noch nie zuvor einen derart vollkommenen Ankauf getätigt habe.«

Von den 64 Werken befinden sich heute leider nur noch 37 in Kassel. Ein Großteil ging während der napoleonischen Besatzung Kassels verloren. Zum Teil wurden die Werke für das Musée Napoléon konfisziert, zum Teil nahm der in Kassel als König Jérôme von Westphalen residierende Bruder Napoleons auf seiner Flucht 1813 die Werke mit. Zwei weitere Gemälde der Sammlung Röver gehören zu den Verlusten des 2. Weltkrieges. Einige Gemälde befinden sich heute in Museen (z. B. in der Eremitage, St. Petersburg, in der Wallace Collection, London, im Musée Fabre, Montpellier, und in der Hamburger Kunsthalle), andere sind verschollen und in unbekanntem Privatbesitz. Somit ist es ein großer Glücksfall, dass das Gemälde *Die Wassermühle* von Paulus Potter nun wieder aufgetaucht ist. Potter gehörte gerade im 18. Jahrhundert zu den beliebtesten Malern. Landgraf Wilhelm schätzte seine Werke sehr und besaß

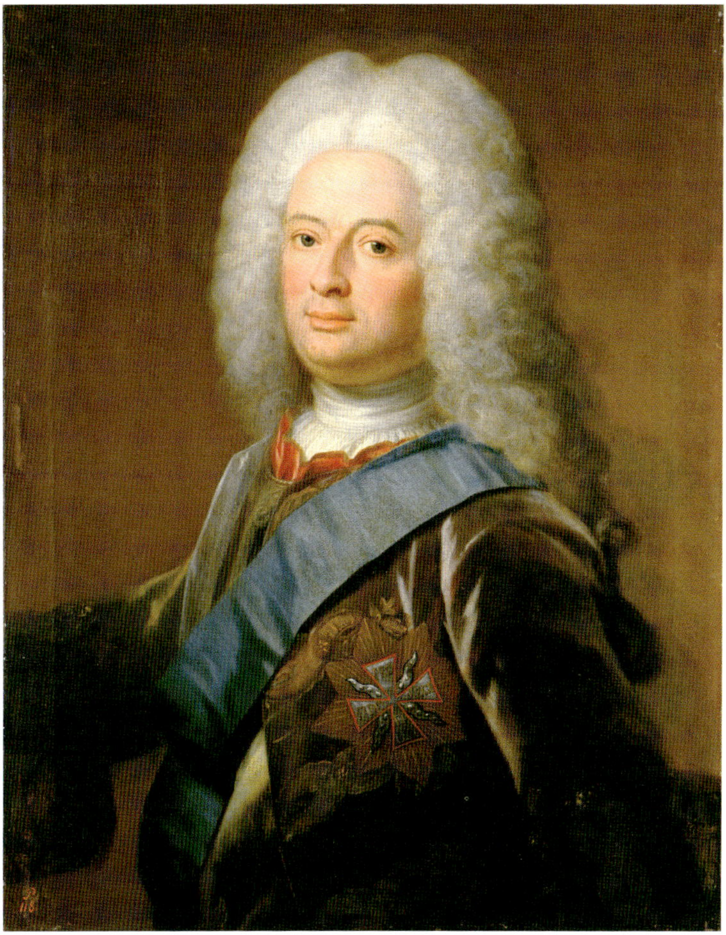

Philip van Dijk,
Landgraf Wilhelm VIII. von Hessen-Kassel, 1736, Leinwand, 79 x 63 cm, Hessen Kassel Heritage, Gemäldegalerie Alte Meister, GK 328

acht Gemälde von ihm, von denen heute nur noch zwei vorhanden sind. Die Rückkehr der *Wassermühle* nach Kassel erhöht diese Zahl wieder auf drei und hilft, eine empfindliche Lücke in den Beständen zu schließen.

Dr. Martin Hoernes
Generalsekretär der Ernst von Siemens Kunststiftung

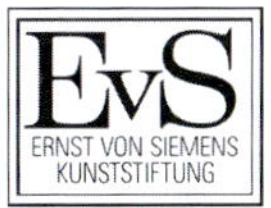

Grußwort

Der Museumsverein Kassel gratuliert Hessen Kassel Heritage zur glücklichen Rückkehr des Gemäldes *Die Wassermühle* von Paulus Potter in die Gemäldegalerie Alte Meister! Es ist großartig, dass durch die weitsichtige Ausgestaltung eines Schenkungsvertrages und die vertrauensvolle Zusammenarbeit zweier Museen die Rückkehr dieses Werks in seinen historischen Sammlungszusammenhang möglich wurde. Seit 50 Jahren steht der Museumsverein als Förderverein an der Seite von Hessen Kassel Heritage und kommt im Rahmen der Möglichkeiten des bürgerschaftlichen Engagements gern den Förderanfragen für die Sammlungen nach. Der Verein unterstützt unter anderem Restaurierungen, Ausstellungen und Ankäufe. Dabei gibt es Objekte, die uns ganz besonders begeistern. Ein solches ist das Gemälde *Die Wassermühle* von Paulus Potter. Der kunsthistorische und besonders der sammlungshistorische Wert des Gemäldes wären schon Grund genug für eine Förderzusage gewesen. Aber eine so glücklich endende Geschichte mit der Rückkehr in die Sammlung, für die Landgraf Wilhelm VIII. das Werk 1750 erworben hatte, und nachdem es vor mehr als 200 Jahren von Napoleon als Kriegsbeute beschlagnahmt worden war, ist darüber hinaus für Hessen Kassel Heritage einzigartig, hat sie doch eine sehr emotionale Komponente: Das so lange für Kassel verloren geglaubte Werk kehrt über Umwege unerwartet in die Sammlung zurück.

Im Namen unseres Freundeskreises danke ich der Ernst von Siemens Kunststiftung und der Kulturstiftung der Länder dafür, dass sie sich für dieses Projekt engagiert haben. Die Bewahrung der von unseren Landgrafen begründeten hochkarätigen Sammlung liegt dem Museumsverein sehr am Herzen, und es ist uns eine ganz besondere Freude, zum Rückerwerb dieses Gemäldes beitragen zu können und damit zu helfen, ein Stück hessischer Kulturgeschichte für die Besucherinnen und Besucher wieder sichtbar und erlebbar zu machen.

Susanne von Baumbach
Museumsverein Kassel e. V.
Vorsitzende

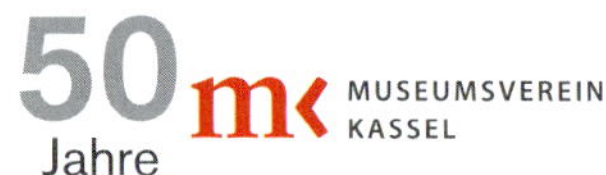

Paulus Potter
Zurück in Kassel

Justus Lange

»Das andere, so Er von Potter hielt,
habe ich ebenfalls genau examinieret,
bin aber der Meynung, daß es ehnder von Savary seye;
dem es wenigstens sehr gleicht.«

Landgraf Wilhelm VIII. von Hessen-Kassel an
Baron Heinrich Jakob von Häckel am 13. Januar 1748

Kühe ? Kühe ? Kühe
Die Lassie Singers, Hamburg (1992)

Einleitung

»Mitunter geschieht es, dass man sich am Rand einer Wiese wiederfindet, soeben das Fahrrad oder den Motor abgestellt hat und nun an einem Zaunpfahl lehnt, sich fragt: Wie lange mag es her sein, dass ich mir Zeit genommen und die Kühe betrachtet habe, Zeit, die diesen Kühen dort zweifellos gebührt? Wie viele Wochen und Monate habe ich zu bewundern versäumt, mit welcher Eleganz sie ihre mächtigen Körper über die Wiese bewegen, mit welcher Gelassenheit sie den Elementen gegenübertreten? Nicht von den biologischen und anatomischen Fakten des Phänomens »Kuh« ist hier die Rede, staunenswert wie die sind, denn wer außer ihr bewegte sich mit vier Mägen durch die Welt, sondern von ihrer schieren, unwiderstehlichen Präsenz: Gibt es ein Geräusch, das dem gemütvollen, dumpfen Rupfen saftigen Grases ähnelte? Wie huldvoll ihr Quastenschwanz Aberhunderte von Fliegen vertreibt, ohne dass sie angesichts der Quälgeister je ihren Gleichmut verlöre; wie edel die Form ihres Kopfes, wie gelenkig, geradezu artistisch ihre riesige Zunge, wie weich und glänzend Maul und Schnauze ... Und wie eine ganze Herde uns betrachtet, sind wir, allzu eilige Wesen, einmal in ihr Blickfeld geraten, das ja die Welt ist, mit welch überzeitlicher Ruhe sie sich fragen scheinen, was für seltsame Mit-Kühe es sein mögen, die auf zwei oder gar vier Rädern von links nach rechts, von rechts nach links sausen, röcheln, puckern und dröhnen. Manchmal wirken die Kühe, still auf ihrem Fleck verharrend, kauend und zufrieden schnaufend, angesichts unserer Ungeduld und unserer Flüchtigkeit geradezu erstaunt, dass wir überhaupt noch da sind.«[1] Die Sympathie für Kühe, die aus den Worten des Schriftstellers Jan Wagner spricht, bezieht sich zwar auf die Betrachtung des realen Tieres, darf aber vielleicht in gewisser Weise auch für die künstlerische Darstellung der Huftiere gelten. *Warum sehen wir Tiere an?* heißt ein berühmter Essay des britischen Schriftstellers und Kunstkritikers John Berger (1926–2017). In dem erstmals 1980 veröffentlichten Text geht er der besonderen Beziehung von Mensch und Tier nach:

»Tiere werden geboren, sie sind fühlende und sterbliche Wesen. Darin gleichen sie dem Menschen. Sie unterscheiden sich vom Menschen weniger in ihrer äußerlichen als in ihrer tieferen Anatomie -, in ihren Gewohnheiten, ihrer Zeit, ihren physischen Fähigkeiten. Sie sind sowohl gleich als auch ungleich. [...] Die Augen eines Tieres sind, wenn sie einen Menschen betrachten, aufmerksam und wachsam. Das gleiche Tier wird wahrscheinlich andere Tiere auf die gleiche Weise ansehen. Für den Menschen ist kein besonderer Blick reserviert. Doch keine andere Gattung als die des Menschen wird den Blick des Tieres als vertraut empfinden. Andere Tiere nimmt der Blick gefangen. Der Mensch jedoch wird sich, indem er den Blick erwidert, seiner selbst bewußt.«[2] Lassen sich solche Gedanken auch auf Tierbilder des 17. Jahrhunderts übertragen? Wie sah der Mensch damals das Tier? War es ein reines Nutztier oder wurden damit auch andere Vorstellungen verbunden? Diese und andere Fragen sollen im Folgenden anhand von Bildern des Malers Paulus Potter (1625–1654) beleuchtet werden.

Denkt man an Paulus Potter, so wird man – nachdem das Missverständnis mit dem jungen Zauberer gleichen Nachnamens aufgeklärt ist – recht bald auf das Thema Kühe respektive Hausrind kommen. Wenn Philips Wouwerman (1619–1668) der Pferdemaler des niederländischen 17. Jahrhunderts war, dann darf Paulus Potter als der Kuhmaler gelten. Das bedeutet nicht, dass beide Künstler nicht auch andere Tiere oder Sujets malten, aber berühmt wurden sie eben durch die Darstellung des jeweiligen Tiers. Das berühmteste Gemälde Potters ist sicher *Der Stier* aus dem Jahr 1647 im Mauritshuis in Den Haag (Abb. 1).[3] Insbesondere im 18. und 19. Jahrhundert pilgerten die Menschen regelrecht zu diesem Werk, das unzählige Male kopiert und adaptiert wurde.[4] Als das Gemälde 1795 von französischen Truppen nach Paris abtransportiert wurde, erregte es dort ebenfalls großes Aufsehen. Der niederländische Schriftsteller Adriaan van der Willigen (1766–1841) berichtet von zwei französischen Bauern, die im Musée Napoléon vor dem Gemälde begeistert befunden hätten, dass es das schönste Gemälde der gesamten Galerie sei.[5]

Also auch fernab seiner Heimat erfreute sich der Künstler großer Wertschätzung, ja, wenn die Geschichte anders verlaufen wäre, könnte die Kasseler Gemäldegalerie als der Ort schlechthin gelten, in dem das Œuvre des Künstlers in zentralen Werken zu studieren wäre. Nicht weniger als zehn Arbeiten von ihm befanden sich nach

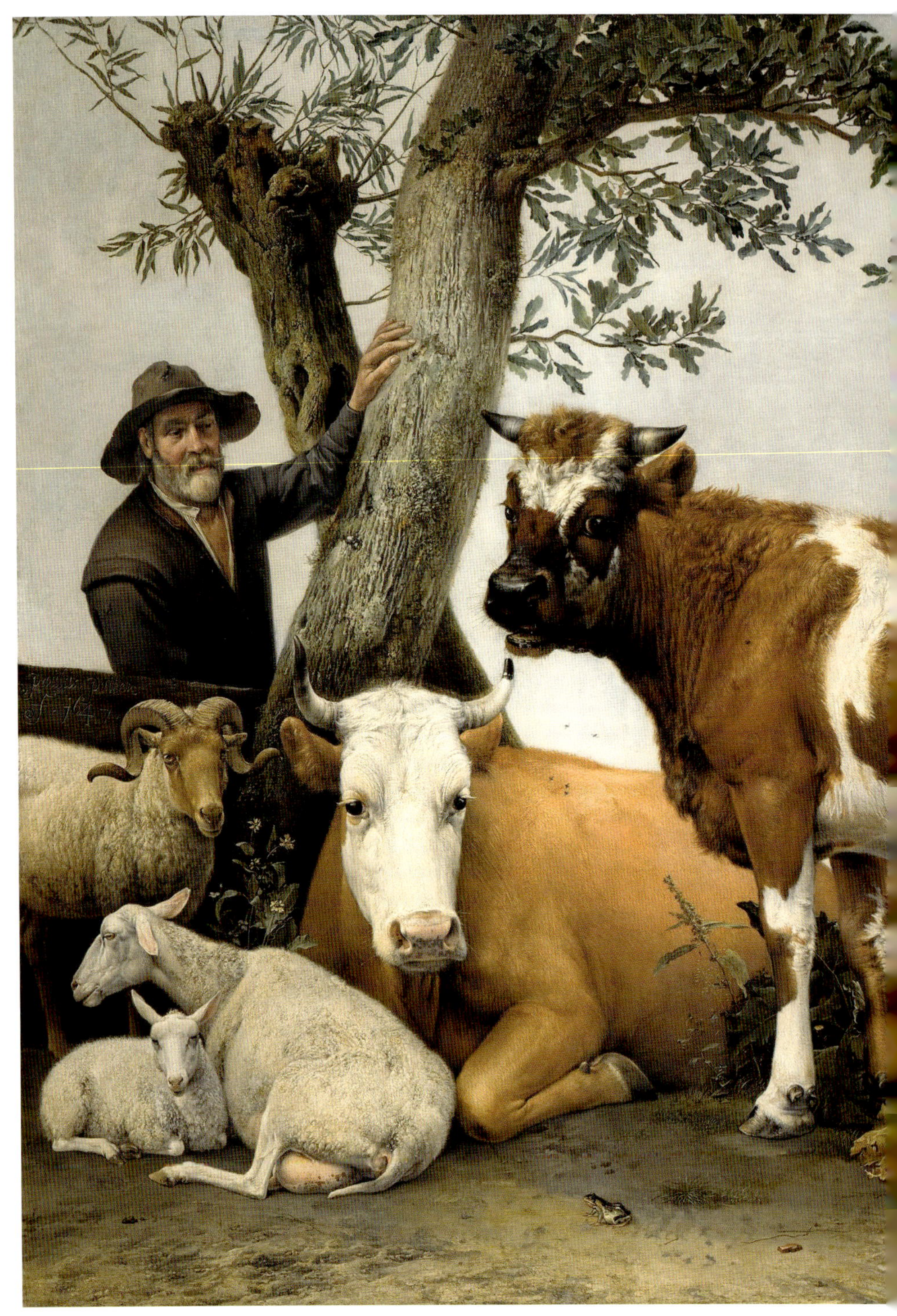

Abb. 1
Paulus Potter, Der Stier, 1647, Leinwand, 236,5 x 341 cm, Den Haag, Mauritshuis, Inv. No. 136

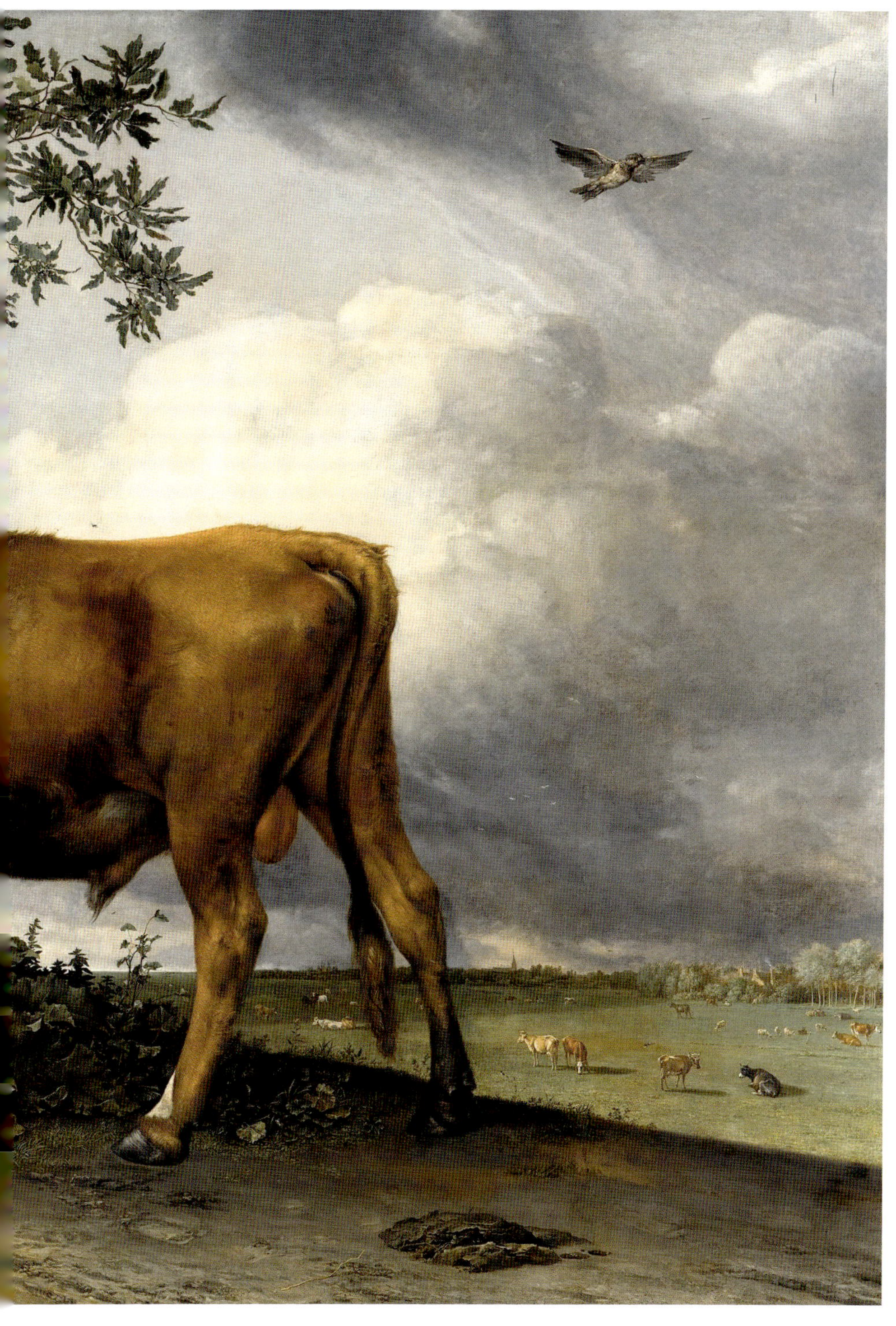

Angaben des ersten Kataloges von 1783 hier.[6] Das wären etwa zehn Prozent seines gesamten Schaffens.[7] Selbst das Rijksmuseum in Amsterdam beheimatet heute nur acht Gemälde von Paulus Potter.[8]

Aber bekanntlich kam es anders, und heute darf Kassel zwar immer noch als Hort dreier bedeutender Werke des Künstlers gelten – nicht zuletzt durch den hier zu würdigenden Rückerwerb eines Gemäldes –, doch die zentrale Rolle spielt die Galerie für sein Werk nicht mehr. Wenn hier dennoch an diese Geschichte erinnert werden soll, dann geschieht das nicht aus einer Haltung der Anklage oder gar des Revanchismus heraus – Bestrebungen dieser Art gab es in der Vergangenheit durchaus, worauf noch einzugehen sein wird –, sondern ein Blick zurück vermag viel über die Wertschätzung für den etwas in Vergessenheit geratenen Künstler offenzulegen. Eine Ausstellung vor 30 Jahren in Den Haag würdigte zwar sein Werk, seitdem ist jedoch nur noch selten etwas über ihn erschienen. Daher ist die Rückkehr des Gemäldes nach Kassel eine gute Gelegenheit für die erneute Beschäftigung mit dem besonderen Œuvre Paulus Potters.

Was machte aber die Darstellung von Kühen im 17. Jahrhundert so interessant und lukrativ? Was könnte uns heute daran interessieren? Sind Potters Gemälde lediglich genaue Beobachtungen seiner Zeit oder steckt dahinter ein tieferer Sinn? Bevor wir uns diesen Fragen zuwenden, sollen die wenigen Informationen über Paulus Potter zusammengetragen werden, der trotz seines kurzen Lebens von nur 28 Jahren ein unglaublich einflussreiches Werk geschaffen hat.

Paulus Potter: Leben und Werk

Über das Leben des Künstlers liegen nicht viele Primärquellen vor. Insofern ist man einerseits auf die Künstlerbiographien des 17./18. Jahrhunderts angewiesen, andererseits auf eher zufällig erhaltene Dokumente.[9] Gesichert ist, dass Paulus Potter am 20. November 1625 in der reformierten Kirche in Enkhuizen getauft wurde. Er war das zweite (oder auch dritte) Kind von mindestens elf, die der Glasmaler Pieter Symonsz. Potter (ca. 1599–1652) und seine Frau Aechtie Pouwels (1599–1652) hatten. 1628 zog die Familie nach Leiden, wo der Vater in die Glasmalergilde aufgenommen wurde, deren Vorsitzender er von 1630 bis 1631 war. 1631 siedelte die Familie nach Amsterdam über, wo der Vater schließlich in die Malergilde aufgenommen wurde. Von 1635 bis 1640 wohnte die Familie in der

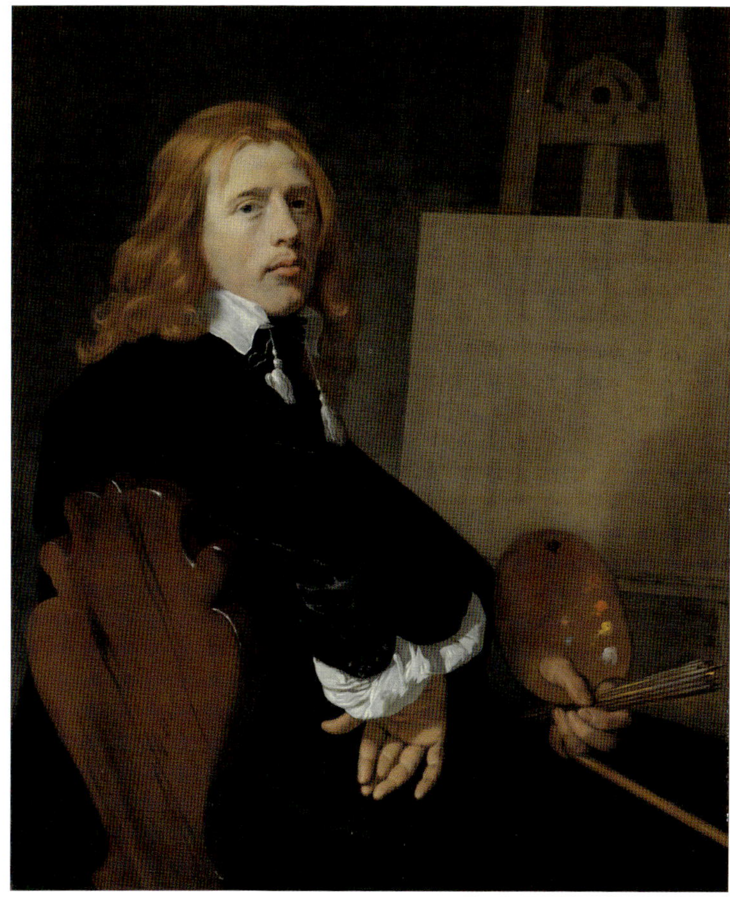

Abb. 2
Bartholomeus van der Helst, Porträt von Paulus Potter, 1654, Leinwand, 99 x 80 cm, Den Haag, Mauritshuis, Inv. No. 54

Sint-Anthoniiestraat, in der viele Künstler und Kunsthändler wohnten, darunter Rembrandt und Hendrik van Uylenburgh. In Amsterdam dürfte Paulus Potter seine Ausbildung erhalten haben, wahrscheinlich zunächst bei seinem Vater. Vielleicht war er auch einige Zeit bei Claes Moeyaert (1591–1655) in der Lehre, dessen Werke enge Beziehungen zu Potters ersten Arbeiten aufweisen. Für 1642 ist ein Dokument überliefert, aus dem hervorgeht, dass Potter dem Maler Jacob de Wet 8 Pont für ein Jahr Studium bezahlt. Von dieser Zeit an sind erste Werke erhalten. Vielleicht folgte Potter 1643 de Wet nach Haarlem? Quellen hierzu fehlen leider. Die nächste Notiz bezieht sich auf die Aufnahme Potters in die Malergilde in Delft am 6. August 1646 durch Zahlung von 12 Gulden, wobei nicht klar ist, ob der Künstler auch in der Stadt lebte. 1649 ist er in der

Sankt-Lukas-Malergilde in Den Haag registriert. Am 3. Juli 1650 heiratete er Adriana van Balckeneynde (1627–1690). Im Mai 1652 lebte das Paar in Amsterdam, wo der Maler weniger als zwei Jahre später bereits starb. Am 17. Januar 1654 wurde er begraben. Sein Aussehen überliefert ein Porträt von Bartholomeus van der Helst, das 1654 datiert ist (Abb. 2).[10] Potters Witwe kehrte nach Den Haag zurück, wo sie vier Jahre später erneut heiratete und 1690 verstarb. Keines der mit Paulus Potter gemeinsamen Kinder erreichte das Erwachsenenalter, dafür jedoch Kinder aus der zweiten Ehe der Witwe. Der älteste Sohn Nicolaas van Reenen (1662–1728) lieferte Arnold Houbraken (1660–1719) auch die wichtigsten Angaben für seine Biographie des Malers Paulus Potter.[11]

Die wissenschaftlichen Beschäftigungen mit seinem Werk erfolgten dann ab dem 19. Jahrhundert, darunter erste Werkverzeichnisse. Tobias van Westrheene (1825–1871) führte 1867 insgesamt 106 Gemälde Potters auf.[12] Hinzu kamen 31 Werke, die er nur noch aus der Literatur kannte.[13] Cornelis Hofstede de Groot (1863–1930) erweiterte 1911 Potters Œuvre dagegen auf über 170 Gemälde.[14] Rudolf von Arps-Aubert (1894–1945) akzeptierte wiederum nur noch 79 eigenhändige Werke, ergänzt um sechs nur durch Stiche überlieferte Gemälde, zwei zweifelhafte sowie 20 zu Unrecht Potter zugeschriebene Werke.[15] Amy Walsh wiederum ging 1994 von »almost 100 paintings« des Künstlers aus.[16] Wie erfolgreich Potter mit seinen Bildern war, zeigen nicht nur die zahlreichen Kopien und Nachahmungen seiner Werke, sondern auch Repliken, die er selbst oder seine Werkstatt anfertigte. Beispiele für letztere wären die beiden Gemälde *Landmann mit seiner Herde* in Lyon und Kassel[17] oder *Hirte mit Herde* in Woburn Abbey und Amsterdam.[18]

Wie erwähnt fanden einige der bedeutendsten Werke bereits im 18. Jahrhundert ihren Weg nach Kassel. Was wissen wir über ihren Erwerb? Wo wurden sie präsentiert? Wie gingen sie verloren?

Die Kasseler Potter-Sammlung im 18. Jahrhundert

Landgraf Wilhelm VIII. von Hessen-Kassel (1682–1760) darf als einer der profundesten Kenner unter den fürstlichen Sammlern des 18. Jahrhunderts gelten. Durch ein weitgespanntes Netzwerk von Agenten, Künstlern und Sammlern ließ er sich über mögliche Angebote und bevorstehende Auktionen in den Niederlanden, in

Frankreich und in Deutschland informieren.[19] Mit dem Frankfurter Sammler Baron Heinrich Jakob von Häckel (1682–1760) verband ihn eine Freundschaft, die in zahlreichen Briefen ihren Niederschlag fand.[20]

Mit großer Kennerschaft und Geschick trug Wilhelm eine Sammlung zusammen, die am Ende seines Lebens fast 1000 Gemälde umfasste und deren Schwerpunkt auf der niederländischen Malerei lag, wenngleich er auch kapitale Werke der italienischen, französischen und deutschen Schule erwarb und bestrebt war, eine möglichst komplette Sammlung der europäischen Malerei zusammenzutragen. Nachdem ein erster Galerietrakt für die niederländischen Werke errichtet war, schrieb er seinem Vertrauten Häckel nicht ohne Stolz im November 1753: »Ich erhalte allmählig den nöthigen Stoff zu einer Galerie von Italiänischen stücken und Ich glaube, daß mir soviel nicht mehr daran fehlet, wan nur das Gebäude darzu auch da wäre.«[21] Dazu sollte es jedoch nicht mehr kommen, und der Ausbruch des Siebenjährigen Krieges, verbunden mit der Flucht Wilhelms, der 1760 schließlich in Rinteln verstarb, beendete das Projekt.

Schaut man sich die Sammlung anhand des ersten Inventars an, so wird der Schwerpunkt auf der niederländischen Malerei deutlich. Über 500 Werke davon stammten von niederländischen Künstlern, wogegen die Zahlen von 187 italienischen Gemälden und etwa 160 deutschen deutlich abfallen. Etwa 30 französische, zwei spanische, einige wenige skandinavische und 50 ohne Künstlernamen ergänzten die Sammlung. Überdeutlich tritt also Wilhelms Vorliebe für die niederländische Kunst hervor. Innerhalb dieser Schule wiederum zeigen sich unverkennbare Präferenzen. Die Hauptmeister der flämischen Barockmalerei sind mit großen Werkgruppen vertreten: 31 Gemälde von Peter Paul Rubens, 21 von Anthonis van Dyck, 18 von David Teniers d. J., 12 von Jan Brueghel d. Ä. und 10 von Jacob Jordaens. Die holländische Malerei wird angeführt mit 34 Werken von Rembrandt, 25 von Philips Wouwerman, 12 von Adriaen van der Werff, gefolgt von 10 Schalcken, 9 Roepel, 9 Netscher, 9 Poelenburgh, 8 Paulus Potter, 6 Adriaen van Ostade, 6 Breenbergh und immerhin 5 Werken von Frans Hals. So waren es in der Folge vor allem die niederländischen Werke, die den Ruhm der Kasseler Gemäldegalerie begründeten. Nach Ausweis des ersten gedruckten Kataloges von 1783 waren dies folgende zehn Gemälde Potters (die ersten acht davon sind bereits im 1749 begonnenen Inventar verzeichnet, waren also gesichert bereits unter Wilhelm VIII. vorhanden):

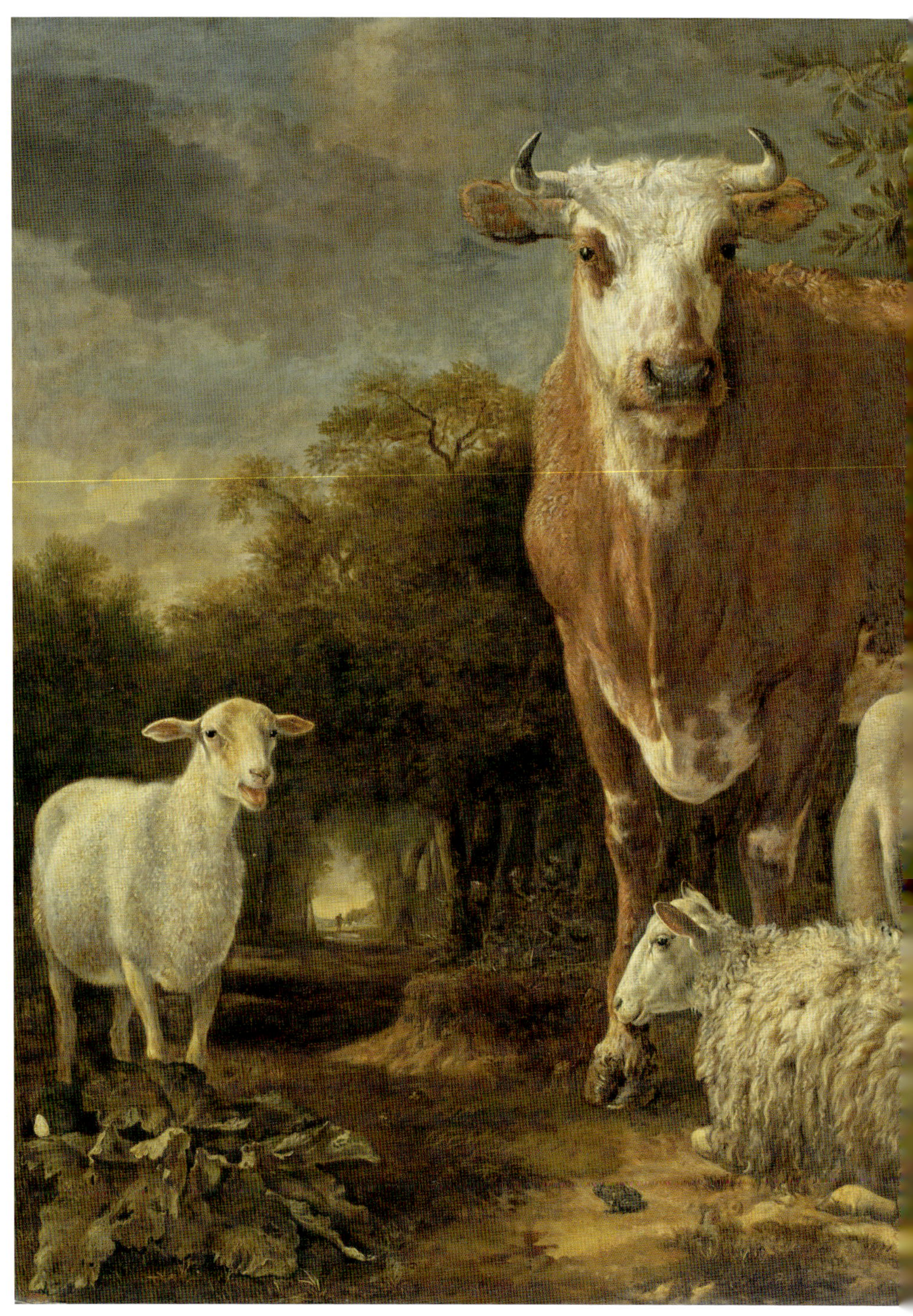

Abb. 3
Govert Camphuysen, Hirte und Hirtin mit Vieh, um 1650, Leinwand, 206 x 277,5 cm, Hessen Kassel Heritage, Gemäldegalerie Alte Meister, GK 370

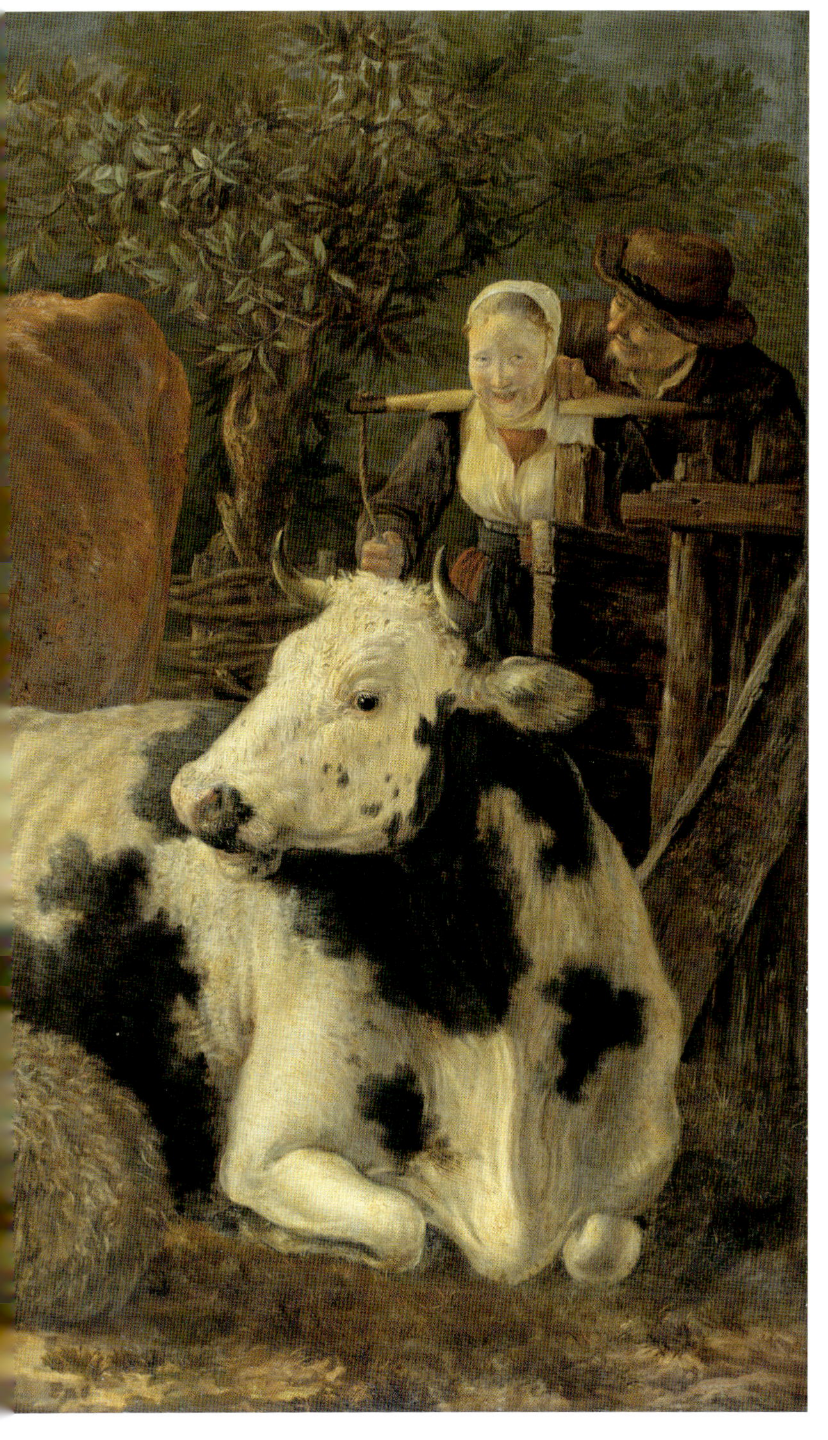

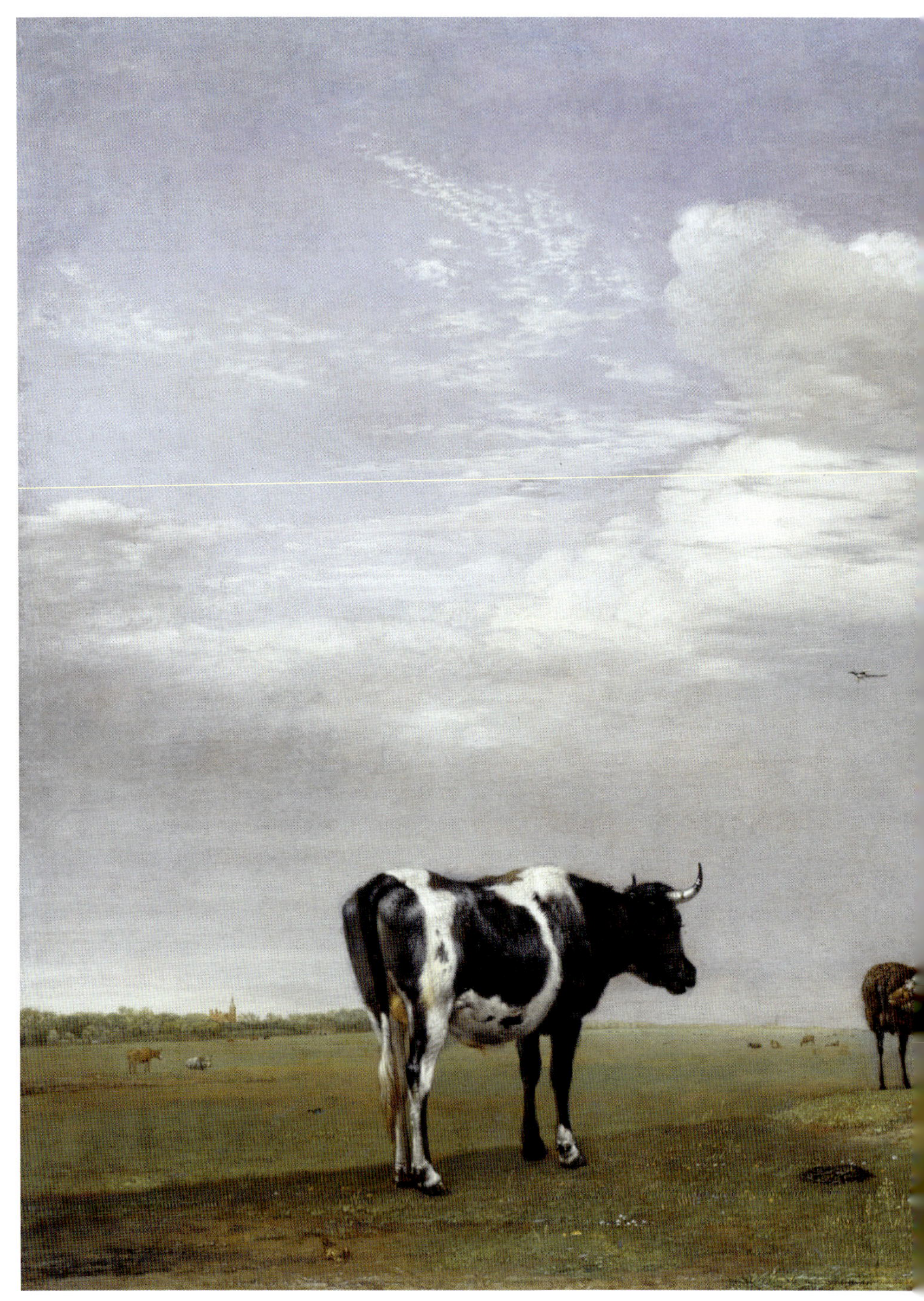

Abb. 4
Paulus Potter, Ein Landmann mit seiner Herde, 1648, Eichenholz, 50 x 74,5 cm,
Hessen Kassel Heritage, Gemäldegalerie Alte Meister, GK 369

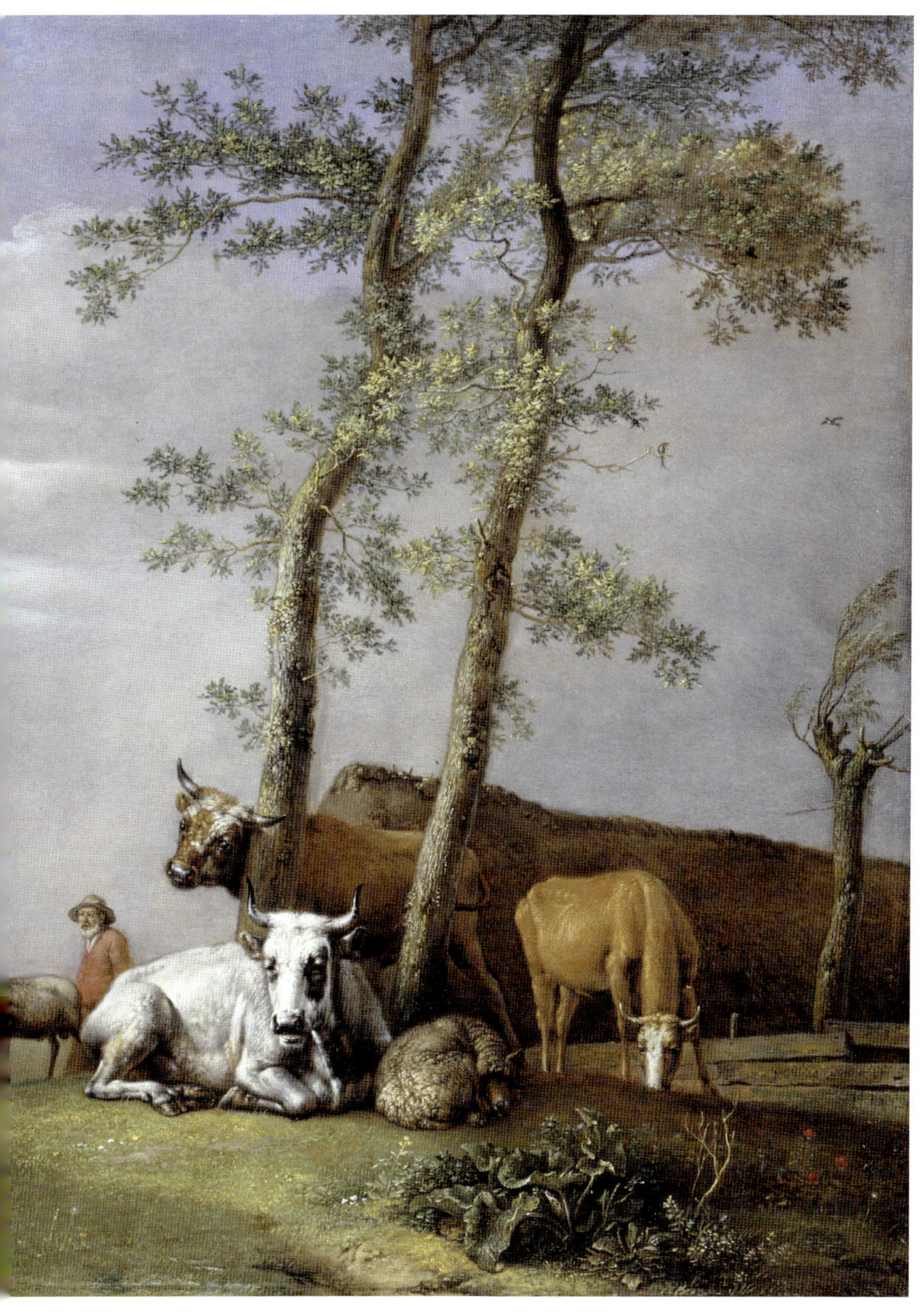

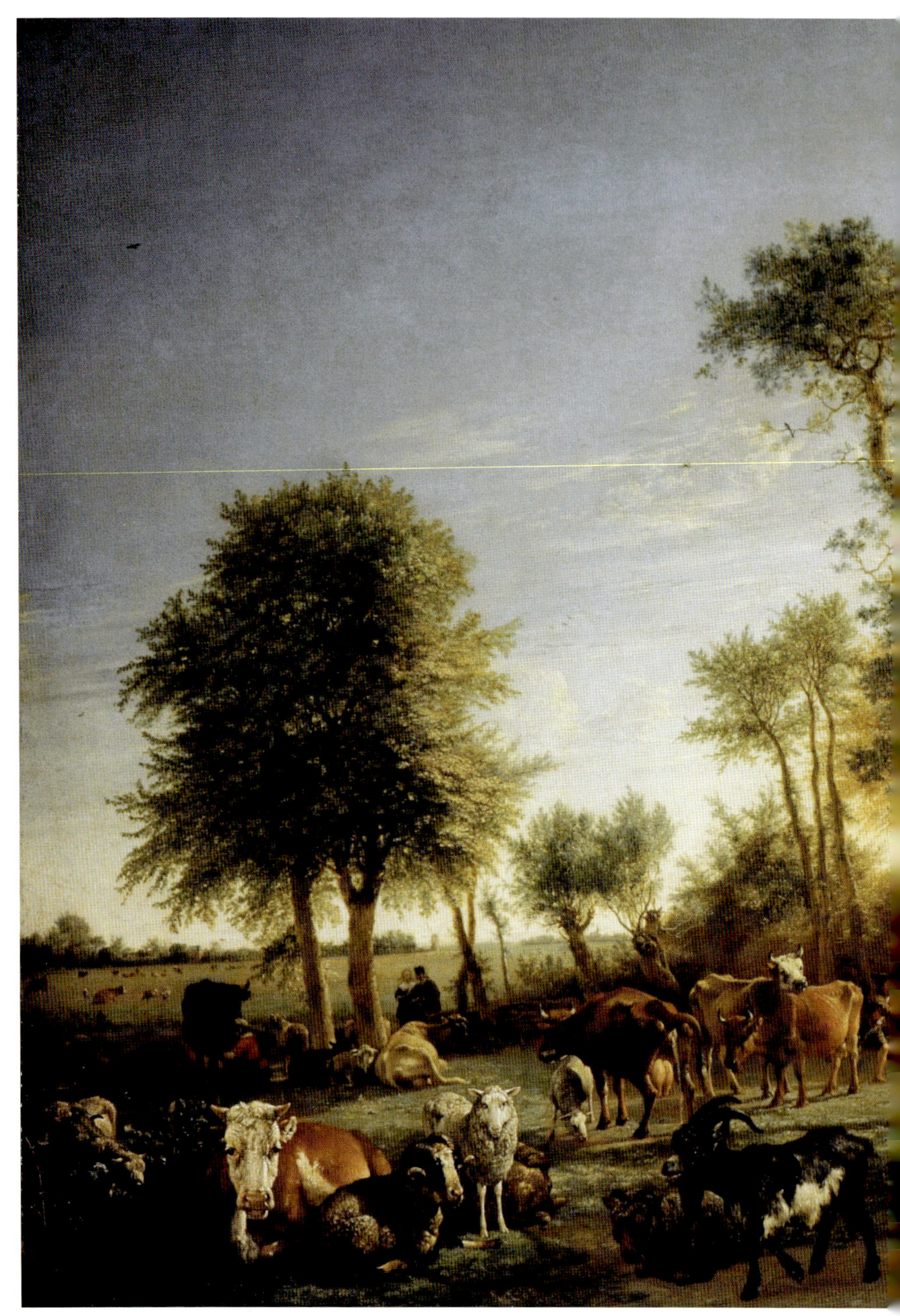

Abb. 5
Paulus Potter, Der Meierhof (»Die pissende Kuh«), 1649, Eichenholz, 81 x 115,5 cm,
St. Petersburg, Staatliche Eremitage, Inv. Nr. GE 820

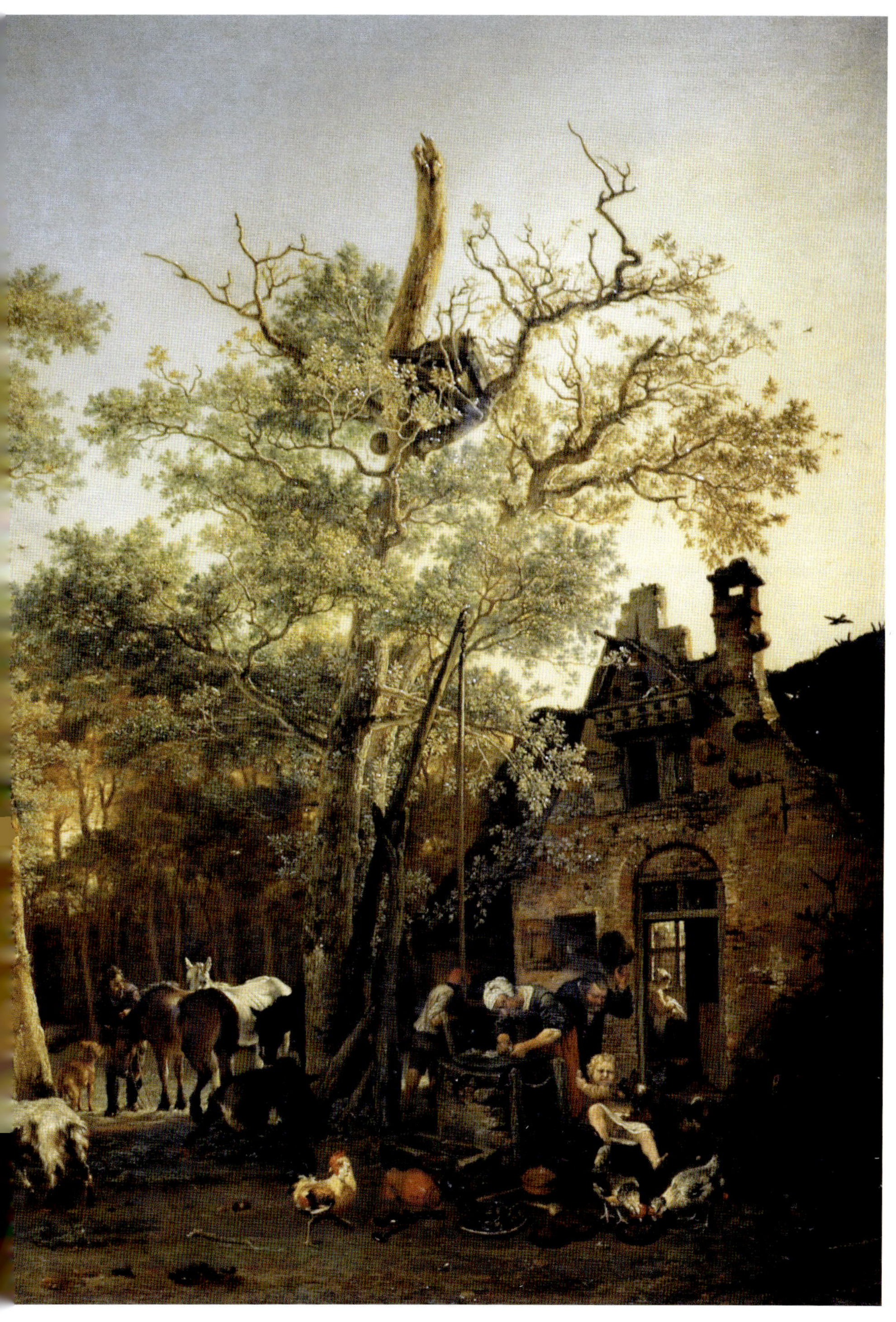

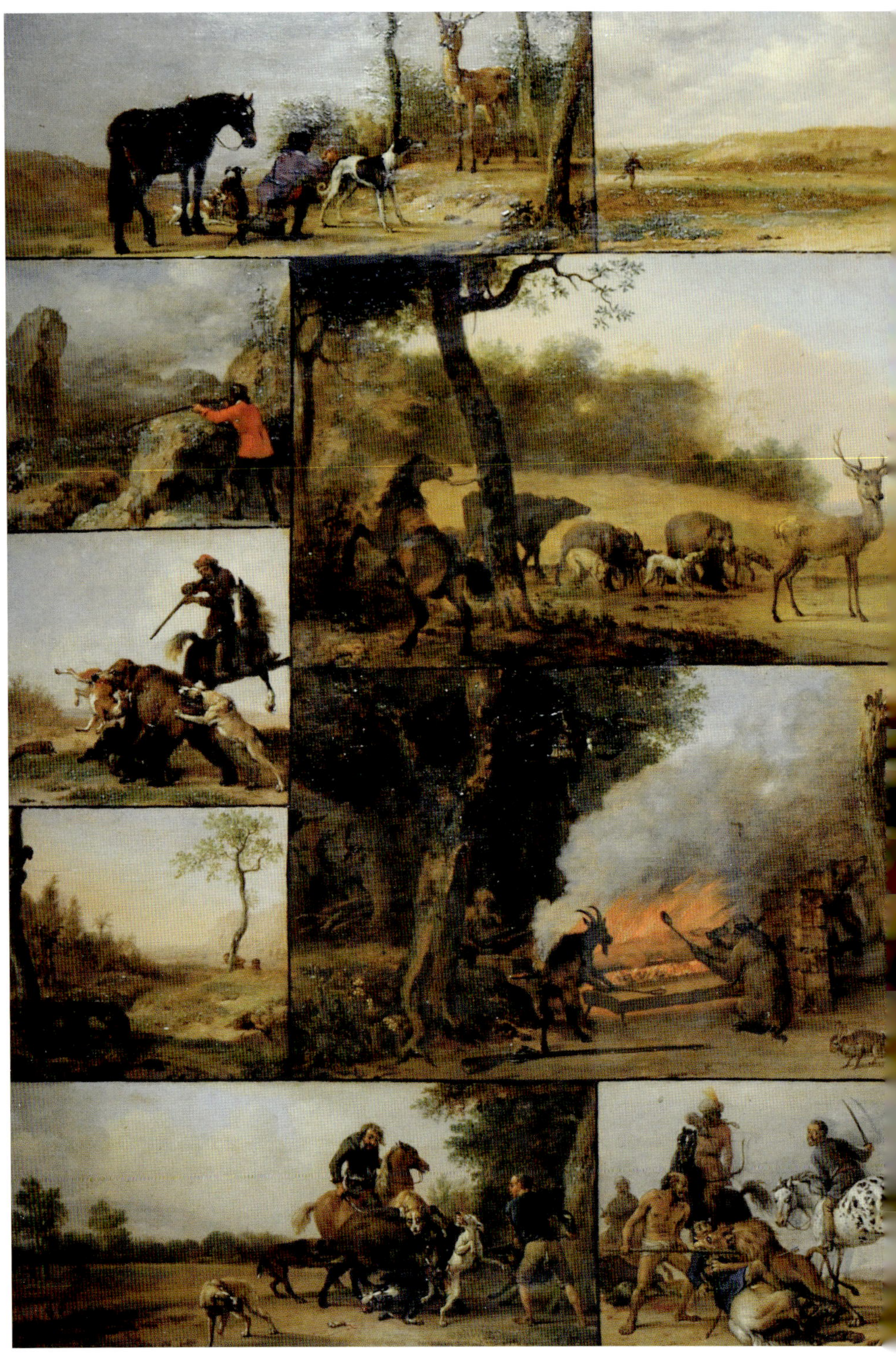

Abb. 6
Paulus Potter, Das Leben des Jägers, um 1650, Eichenholz, 84,5 x 120 cm, St. Petersburg, Staatliche Eremitage, Inv. Nr. GE 823

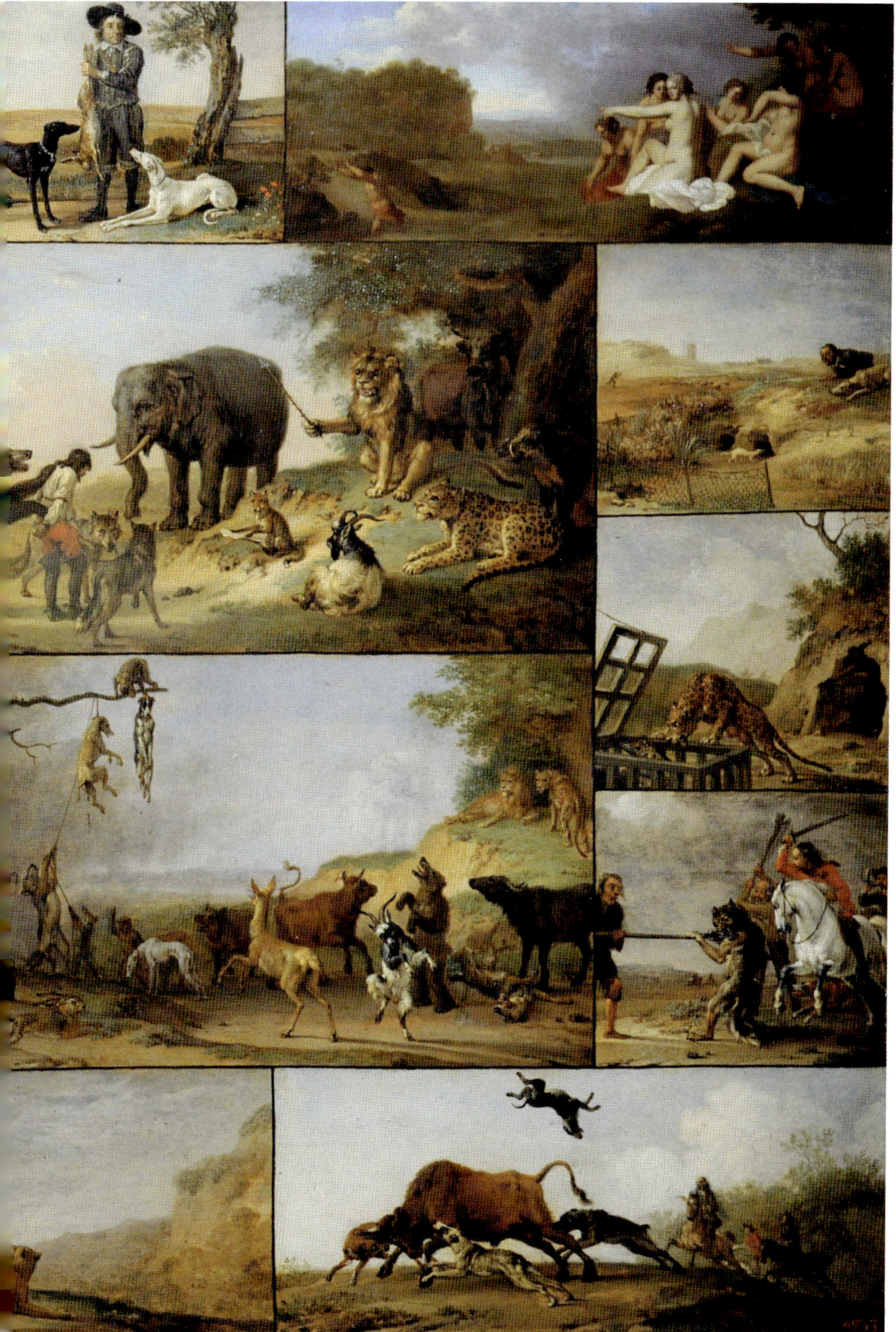

Nr. 1
[Govert Camphuysen], Hirte und Hirtin mit Vieh, um 1650, Leinwand, 206 x 277,5 cm, Kassel, Gemäldegalerie Alte Meister, GK 370 (Abb. 3)[22]

1749/545. Potter (Paul). Eine Landschaft mit 2. Kühen und 2. Personen so mit einander sprechen, Höhe 6 Schuh, 6 Zoll, Breite 8 Schuh, 8 Zoll

Causid 1783, S. 13–14, Nr. 42, Paul Potter, Ein grosses Vieh-Stück. Ganze Lebensgrösse. Eine stehende und eine liegende Kuh nebst etlichen Schaafen. Etwas weiter eine Bäurin und ein Bauer, Auf Leinwand, Höhe 6 Schuh, 6 Zoll, Breite 8 Schuh, 8 Zoll

Provenienz: 1751 durch Wilhelm VIII. von Gerhard Morell in Hamburg erworben. 1807–1815 in Paris.

[Van Westrheene 1867, Nr. 86; nicht bei Hofstede de Groot 1911; Nicht bei Von Arps-Aubert 1932]

Nr. 2
Paulus Potter, Ein Landmann mit seiner Herde, signiert und datiert: Paulus Botter f. / 1648 (von späterer Hand, möglicherweise über Resten einer Originalsignatur), Eichenholz, 50 x 74,5 cm, Kassel, Gemäldegalerie Alte Meister, GK 369 (Abb. 4)[23]

1749/99. Potter Paul. Eine holländische Landschaft mit Horn=Viehe, auf Holtz in verguldem Rahmen, Höhe 1 Schuh, 7 Zoll, Breite 2 Schuh, 4 ½ Zoll

Causid 1783, S. 31, Nr. 105, Paul Potter, Eine holländische Landschaft mit 4 Kühen, einigen Schaafen und einem alten Bauer, auf Holz, Höhe 1 Schuh, 7 Zoll, Breite 2 Schuh, 4 ½ Zoll

Provenienz: Erworben vor 1749 durch Landgraf Wilhelm VIII. 1807–1815 in Paris.

[Van Westrheene 1867, Nr. 84; Hostede de Groot 1911, Nr. 47; Von Arps-Aubert 1932, Nr. 21]

Nr. 3
Paulus Potter, Der Meierhof (»Die pissende Kuh«), signiert und datiert: Paulus. Potter f. 1649, Eichenholz, 81 x 115,5 cm, St. Petersburg, Staatliche Eremitage, Inv. Nr. GE 820 (Abb. 5)[24]

1749/581. Potter (Paul) pihsende Koe, Höhe 2 Schuh, 7 Zoll, Breite 3 Schuh, 8 Zoll

Causid 1783, S. 49-50, Nr. 54 »Paul Potter, Eine sehr angenehme ländliche Gegend mit lichten Bäumen. Auf dem Vordergrunde linker Hand ein liegender Ochse mit einigen Schaafen und Ziegen. In der Mitte 3 Kühe, die ein Bauernjunge hütet, und nahe dabey ein Bauer mit einigen Pferden. Völlig zur Rechten Hand ein Baurenhaus, vor welchem eine Bäurinn, der ein Knecht Wasser schöpft, sich mit Waschen beschäftiget, während dem ihr Mann mit seinem Huth einen Hund abwehret, der seinem Kinde ein Stück Brod nehmen will.

Vor demselben Federvieh, das seine Nahrung sucht. In dem inneren der Wohnung siehet man eine sitzend nähende Frauensperson vor einem Fenster, durch welches das Tageslicht sie erhellet. Wo die Gruppe von Bäumen sich endigt, da verliert sich das Auge nach der linken Seite zu in eine perspektivische Aussicht. Hier entdeckt man eine Bäurinn, die eine Kuh melket, und noch andre Figuren in einer weiteren Entfernung. Auf Holz, 2 Fuß 7 Zoll hoch, 3 Fuß 8 Zoll breit. NB. Dieses einen jeden Kenner befriedigende Stück ist dasjenige, so unter der Benennung: die pissende Kuh, in Holland bekannt ist.«

Provenienz: Sammlung Muçat (nach Houbraken). Quiryn van Biesum, Rotterdam. Vor 1719 Jacob van Heck, Amsterdam (für 2000 Gulden von van Biesum gekauft). Sammlung de Wolff, Amsterdam. Vor 1733 für 2000 Gulden an Valerius Röver verkauft. 1733–1739 Valerius Röver, Delft. 1739–1750 Cornelia van der Dussen (Witwe von Valerius Röver). Deren Sammlung 1750 von Landgraf Wilhelm VIII. über Gerard Hoet erworben. 1806 von General Lagrange beschlagnahmt und Kaiserin Josephine verehrt. 1806–1814 Schloss Malmaison. 1815 von Zar Alexander I. für 190.000 Franc gekauft. St. Petersburg, Eremitage. [Van Westrheene 1867, Nr. 93; Hofstede de Groot 1911, Nr. 114; Von Arps-Aubert 1932, Nr. 36]

Nr. 4
Paulus Potter, Das Leben des Jägers, signiert und datiert: P:Potter. / fe., um 1650, Eichenholz, 84,5 x 120 cm, St. Petersburg, Staatliche Eremitage, Inv. Nr. GE 823 (Abb. 6)[25]

1749/582. Potter (Paul) Fabeln, Höhe 2 Schuh, 8 ½ Zoll, Breite 3 Schuh, 9 ½ Zoll

Causid 1783, S. 53, Nr. 69 »Paul Potter, Ein Jagdstück in 14 Abtheilungen. In der Mitte, in zweyen Hauptfeldern, die an einem Jäger ausgeübte Rache der wilden Thiere. In dem ersten wird derselbe von ihnen gebunden vor den Löwen als Richter geführt; im zweyten machen sie Anstalten, ihren zum Feuer verurtheilten Feind in einer Pfanne zu braten. Oben sind drey Vorstellungen: 1) St. Hubertus knieend vor dem Hirsch mit dem Kreuze. 2) Ein aurechtstehender Jäger, der einen getödteten Haasen in der Hand hält; neben ihm zwey Hunde. 3) Badende Frauenspersonen. Rings herum allerhand Arten von Jagden. Auf Holz 2 Fuß 8 ½ Zoll hoch, 3 Fuß 9 ½ Zoll breit. NB. Auffallend ist in diesem Cabinetstück eine glückliche Nachahmung der Manier eines Poelenburgs, Teniers und Rubens.«

Provenienz: Sammlung de Bije, Leiden. 1731–1739 Valerius Röver, Delft. 1739–1750 Cornelia van der Dussen (Witwe von Valerius Röver). Deren Sammlung 1750 von Landgraf Wilhelm VIII. über Gerard Hoet erworben. 1806 von General Lagrange beschlagnahmt und Kaiserin Josephine verehrt. 1806–1814 Schloss Malmaison. 1815 von Zar Alexander I. für 70.000 Franc gekauft. St. Petersburg, Eremitage.

[Van Westrheene 1867, Nr. 94; Hofstede de Groot 1911, Nr. 4; Von Arps-Aubert 1932, Nr. 49]

Nr. 5
Paulus Potter, Die Wassermühle, signiert: Paulus P[...]er f. 1653, Leinwand, 54,8 x 62,8 cm, Kassel, Gemäldegalerie Alte Meister, GK 1255 (Abb. 7)

1749/583. Potter (Paul) Waatermool, Höhe 1 Schuh, 9 Zoll, Breite 2 Schuh

Causid 1783, S. 72, Nr. 120 »Paul Potter, Eine Wassermühle in einer Landschaft, mit einer Gruppe von Kühen, Schaafen und Ziegen auf dem Vordergrunde. Auf Leinwand, 1 Fuß 9 Zoll hoch, 2 Fuß breit.«

Provenienz: Jan Goeree (1670–1731), Amsterdam. Von ihm erwirbt es 1716 Valerius Röver (1686–1739), Delft (Inventar der Sammlung 1730, Nr. 58). Nach seinem Tod bleibt es bei der Witwe Cornelia van der Dussen (1689–1762), Delft. Sie verkauft das Gemälde mit der restlichen Sammlung 1750 an Landgraf Wilhelm VIII. von Hessen-Kassel (1682–1760). Während der napoleonischen Besatzung wird es 1813 von König Jérôme auf seiner Flucht nach Frankreich mitgenommen. Es kehrt nicht nach Kassel zurück. 1815 ist es in der Sammlung Eynard, Paris. 1823 erworben von Samuel Woodburn (1783–1853), London für 22.000 Franc (Van Westrheene 1867, S. 158). William Woodburn, London, 25. März 1826, lot. 61. 1833 erworben von John Lucy (1790–1874), Charlecote Park, Warwickshire. Um 1845 verkauft an Baron Lionel de Rothschild (1808–1879), Gunnersbury Park, Middlesex. Im Erbgang zu Alfred Charles de Rothschild (1842–1918), Seamore Place, London. Im Erbgang zu Lionel de Rothschild (1882–1942), Exbury, Hampshire. Im Erbgang zu Edmund (Eddy) Leopold de Rothschild (1916–2009) und am 15. April 1942 verkauft an Tancred Borenius (1885–1948), London. Kunsthandel Nathan Katz (1893–1949), Dieren. Sein Nachlassverkauf (›Succession N... K...‹), part II, Paris, Charpentier, 25. April 1951, lot 58. 1951 Martin B. Asscher, London. 1954 Sammlung Dr. Heinrich Becker (1905–1975), Dortmund. 1974 Hans Cramer, Den Haag, von ihm an Privatsammlung verkauft. Verkauft am 17. Dezember 1998, London, Sotheby's, lot 36. Erworben von Hermann Röchling (1929–2020) und in die Fontana Stiftung Baden-Baden eingebracht. Von dieser 2023 mit Unterstützung der Kulturstiftung der Länder, der Ernst von Siemens Kunststiftung und des Museumsvereins Kassel e. V. zurückerworben.

[Van Westrheene 1867, Nr. 41; Hofstede de Groot 1911, Nr. 86; nicht bei Von Arps-Aubert 1932]

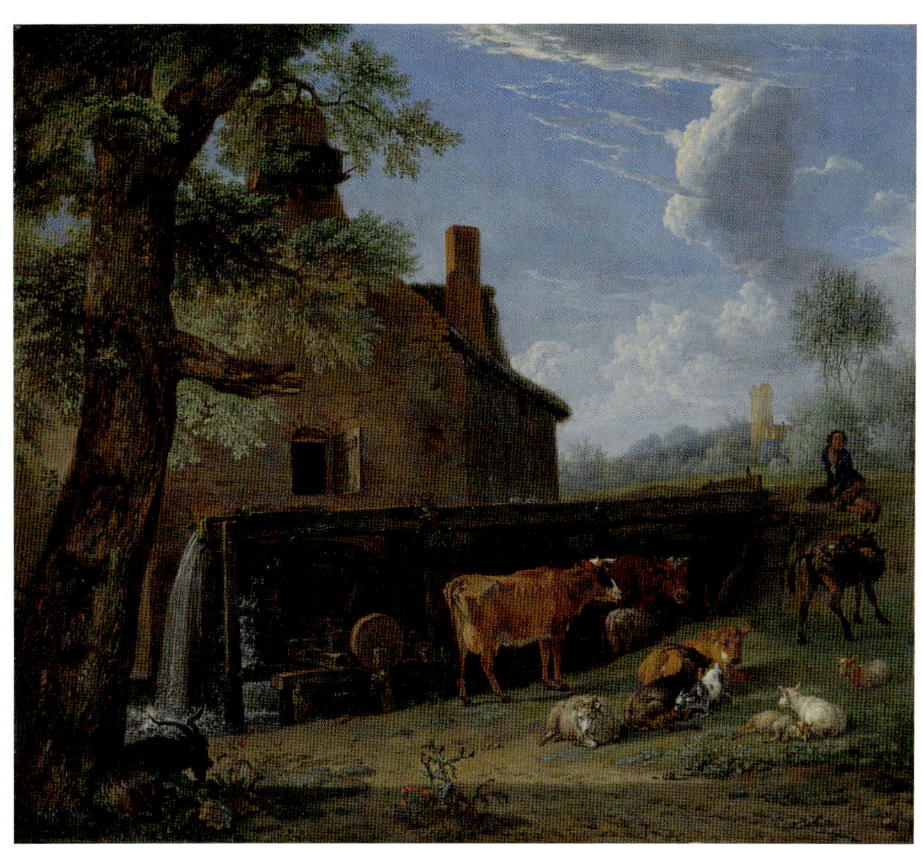

Abb. 7
Paulus Potter, Die Wassermühle, 1653, Leinwand, 54,8 x 62,8 cm, Hessen Kassel Heritage, Gemäldegalerie Alte Meister, GK 1255

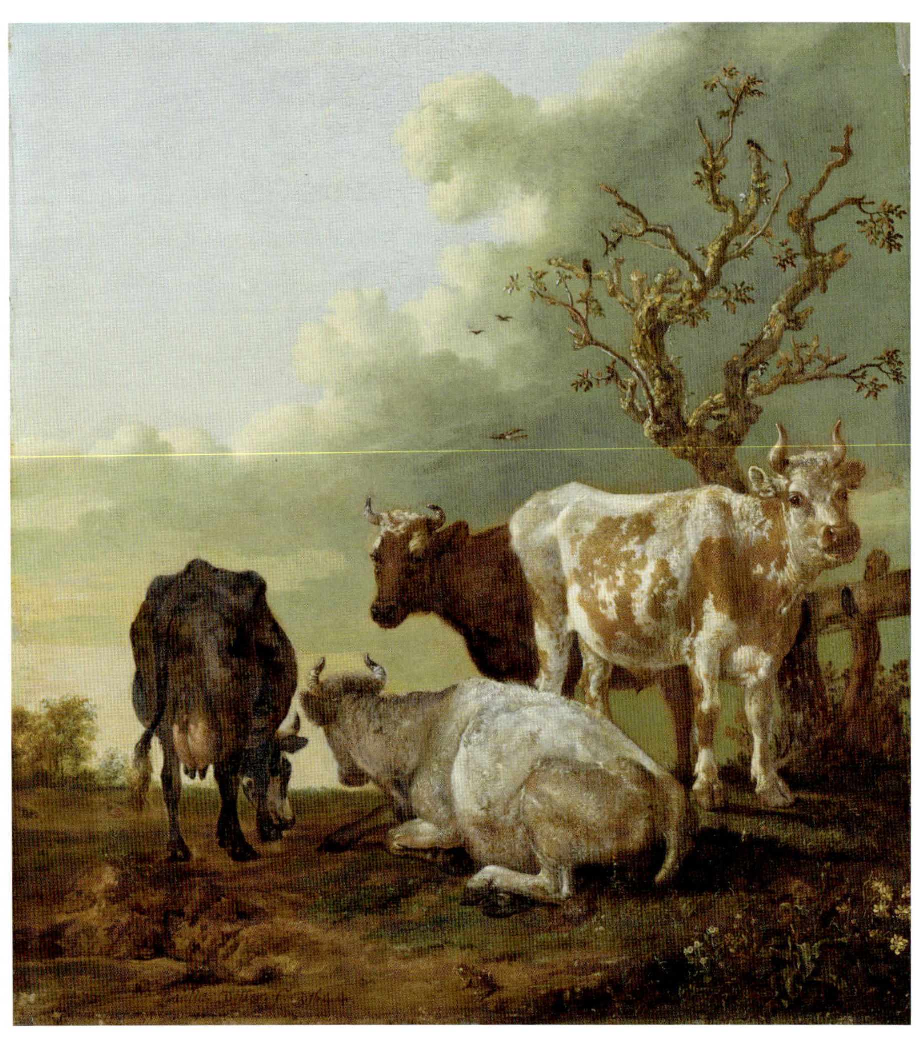

Abb. 8
Paulus Potter, Vier Kühe auf einer Weide, 1644, Eichenholz, 39,6 x 37,2 cm,
Hessen Kassel Heritage, Gemäldegalerie Alte Meister, GK 368

Nr. 6
Paulus Potter, Vier Kühe auf einer Weide, signiert: Paulus. Potter. f. 1644, Eichenholz, 39,6 x 37,2 cm, Kassel, Gemäldegalerie Alte Meister, GK 368 (Abb. 8)[26]

1749/165. Potter Paul. Eine Landschaft mit 4. Kühen, auf Holtz in verguldem Rahmen, Höhe 1 Schuh, 3 Zoll, Breite 1 Schuh, 2 Zoll

Causid 1783, S. 118, Nr. 100 »Paul Potter, Vier Kühe neben einem dürren Baum, in einer flachen niederländischen Landschaft. Auf Holz, 1 Fuß 3 Zoll hoch, 1 Fuß 2 Zoll breit.«

Provenienz: Erworben vor 1749 durch Landgraf Wilhelm VIII. 1807–1815 in Paris.

[Van Westrheene 1867, Nr. 85; Hofstede de Groot 1911, Nr. 39; Von Arps-Aubert 1932, Nr. 5]

Nr. 7
Paulus Potter, Eine Landschaft mit einem Bauernhaus vor dem ein Bauer mit seinem Karren hält, Holz, 37,9 x 29,9 cm, Verbleib unbekannt.

1749/530. Potter (Paul). Eine Landschaft mit einem Bauer=haus, davor ein Bauer mit seinem Karrn still hält, Höhe 1 Schuh, 2 ½ Zoll, Breite 11 ½ Zoll

Causid 1783, S. 119, Nr. 103 »Paul Potter, Ein Bauernhaus in einer ländlichen Gegend. Vor demselben hält ein Bauer mit einem Karn, der von einem Pferde gezogen wird; auf dem Vorgrunde einige Schweine mit einem Hunde, Auf Holz, 1 Fuß 2 ½ Zoll hoch, 11 ½ Zoll breit.«

Provenienz: Am 13. November 1749 durch Landgraf Wilhelm VIII. für 300 Gulden von Gerard Hoet erworben.[27] 1813 durch Jérôme Bonaparte entwendet. Nicht zurückgekehrt.

Nr. 8
Paulus Potter, Bauernfamilie mit Vieh, signiert: Paulus Potter f. 1646, Eichenholz, 37,1 x 29,5 cm, München, Alte Pinakothek, Inv. 565 (Abb. 9)[28]

1749/531. Potter (Paul). Eine Landschaft mit Kühen, Schaafen, und 5. Figuren von Menschen, Höhe 1 Schuh, 2 ½ Zoll, Breite 11 ½

Causid 1783, S. 129, Nr. 134 »Paul Potter, Eine Landschaft mit einem Bauer, seiner Frau, und ihren beyden Kindern. Vor ihnen etliche Kühe und Schaafe, und entfernt eine Bäuerinn, die eine Kuhe melkt. Auf Holz, 1 Fuß 2 ½ Zoll hoch, 11 ½ Zoll breit.«

Provenienz: Willem Fabricius d'Almkerk, Haarlem. Versteigerung der Sammlung am 19. August 1749, Nr. 2 (375 Gulden). Dort von Landgraf Wilhelm VIII. erworben. 1803 von Landgraf Wilhelm IX.

gegen ein Gemälde von Jusepe de Ribera (Mater dolorosa) aus der Kurfürstlichen Galerie München getauscht. Alte Pinakothek, München.

[Van Westrheene 1867, Nr. 71; Hofstede de Groot 1911, Nr. 113; Von Arps-Aubert 1932, Nr. 8]

Nr. 9
Paulus Potter, Zwei Schweine im Stall, signiert: Paulus Potter f. 1649, Leinwand, 32,4 x 45,1 cm, Houston, Museum of Fine Arts, 2009.556 (Abb. 10)[29]

1775/398. Ein Schweinestall, darinnen 2 Schweine. Potter.

Causid 1783, S. 179, Nr. 52 »Paul Potter, Zwey neben einander liegende Schweine, Auf Leinwand, 1 Fuß hoch, 1 Fuß 5 Zoll breit.«

Provenienz: Seger Tierens (?), Den Haag, Boucquet, 23. Juli 1743, Nr. 131, für 21 Gulden]; wahrscheinlich David Letswart; [Verkauf der Sammlung Letswart, Amsterdam, Beukelaar v. d. Land, 22. April 1749, Nr. 45, für 14 Gulden an J. Carré]; Von Landgraf Friedrich II. vor 1775 erworben. 1813 von König Jérôme aus Kassel mitgenommen; Captain James Aston Roberts West, Alscot Park, Warwickshire, 1950–1964; [London, Christie's, 26. Juni 1964, Nr. 126, für 180 Guineas an Dr. Hans Wetzlar, Amsterdam]; [Wetzlar sale, 9. Juni 1977, Nr. 55, für 48.000 Gulden zurückgekauft]; im Erbgang; [Sotheby's, London, 9. Juli 2008, Nr. 45]; erworben für das Museum of Fine Arts Houston durch den Agnes Cullen Arnold Endowment Fund, 2009.

[nicht bei Van Westrheene 1867; Hofstede de Groot 1911, Nr. 129d; nicht bei Von Arps-Aubert 1932]

Nr. 10
Paulus Potter, Eine Landschaft mit Kühen und einigen Schafen, Holz, 41,8 x 34 cm, Verbleib unbekannt

1816/965 Paul Potter, Eine Landschaft mit Kühen und einigen Schaafen, auf Holz. 1 Fuß 4 Zoll hoch, 1 Fuß 1 Zoll breit.

Causid 1783, S. 196, Nr. 21 »Eine Landschaft mit Kühen und einigen Schaafen«, Auf Holz, 1 Fuß 4 Zoll hoch, 1 Fuß 1 Zoll breit.«

Provenienz: Vor 1783 erworben durch Landgraf Friedrich II. Entweder 1806 durch General Lagrange (Eintrag Inventar 1816) oder 1813 von König Jérôme (Eintrag Handexemplar Katalog 1783) aus Kassel mitgenommen, wobei letzteres wahrscheinlicher sein dürfte.

[nicht bei Van Westrheene 1867; Hofstede de Groot 1911, Nr. 55d; nicht bei Von Arps-Aubert 1932]

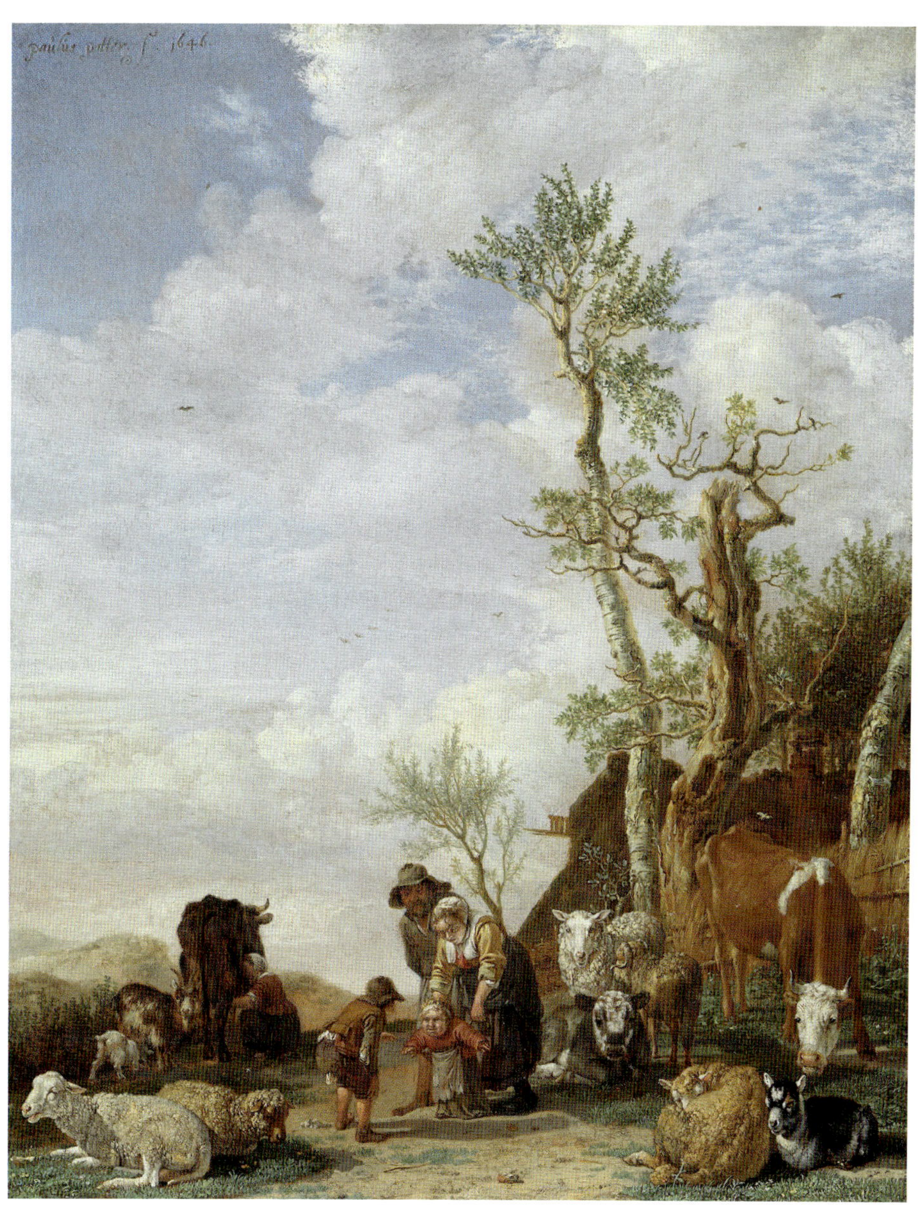

Abb. 9
Paulus Potter, Bauernfamilie mit Vieh, 1646, Eichenholz, 37,1 x 29,5 cm, München, Alte Pinakothek, Inv. Nr. 565

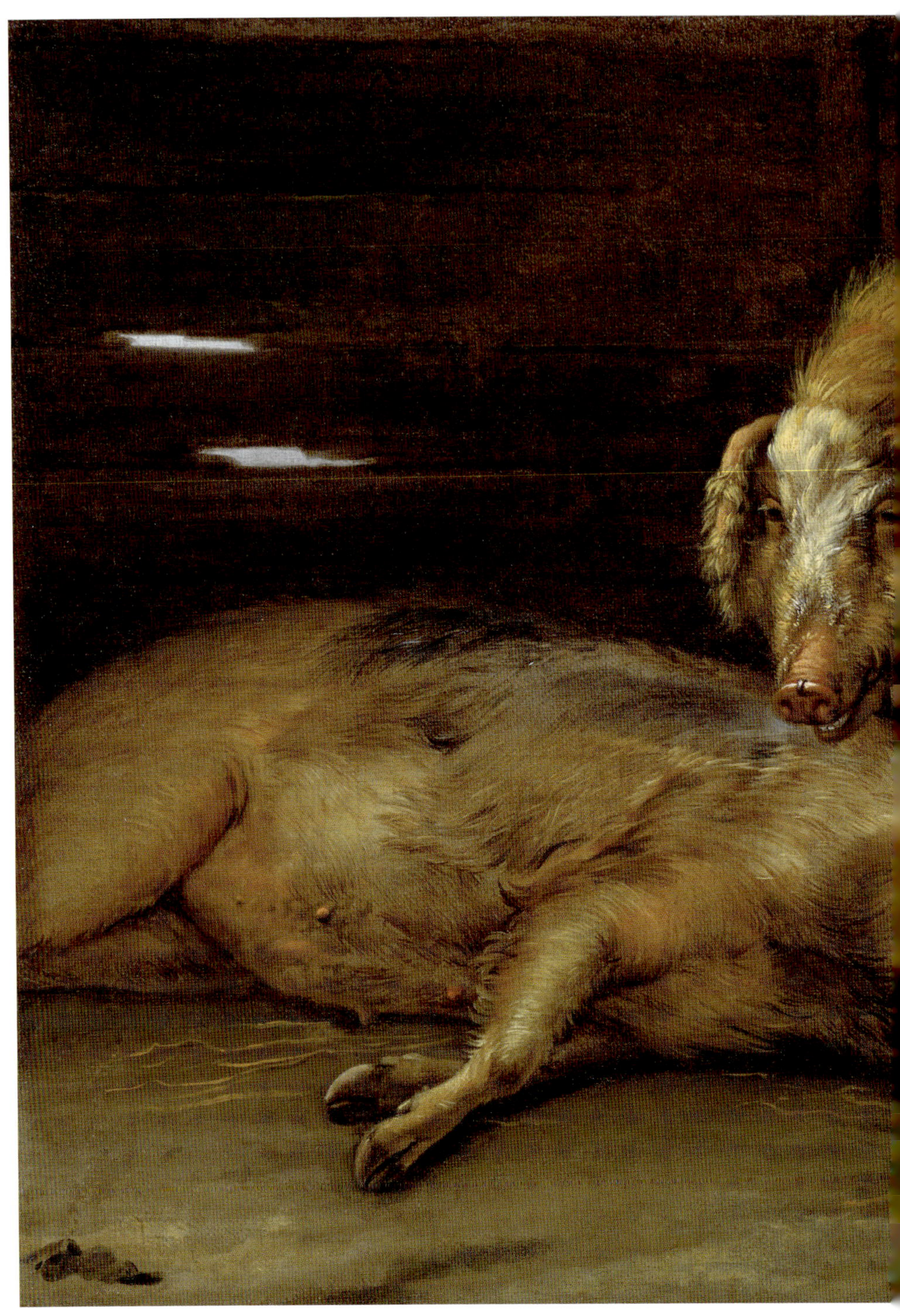

Abb. 10
Paulus Potter, Zwei Schweine im Stall, 1649, Leinwand, 32,4 x 45,1 cm, Houston, Museum of Fine Arts, 2009.556

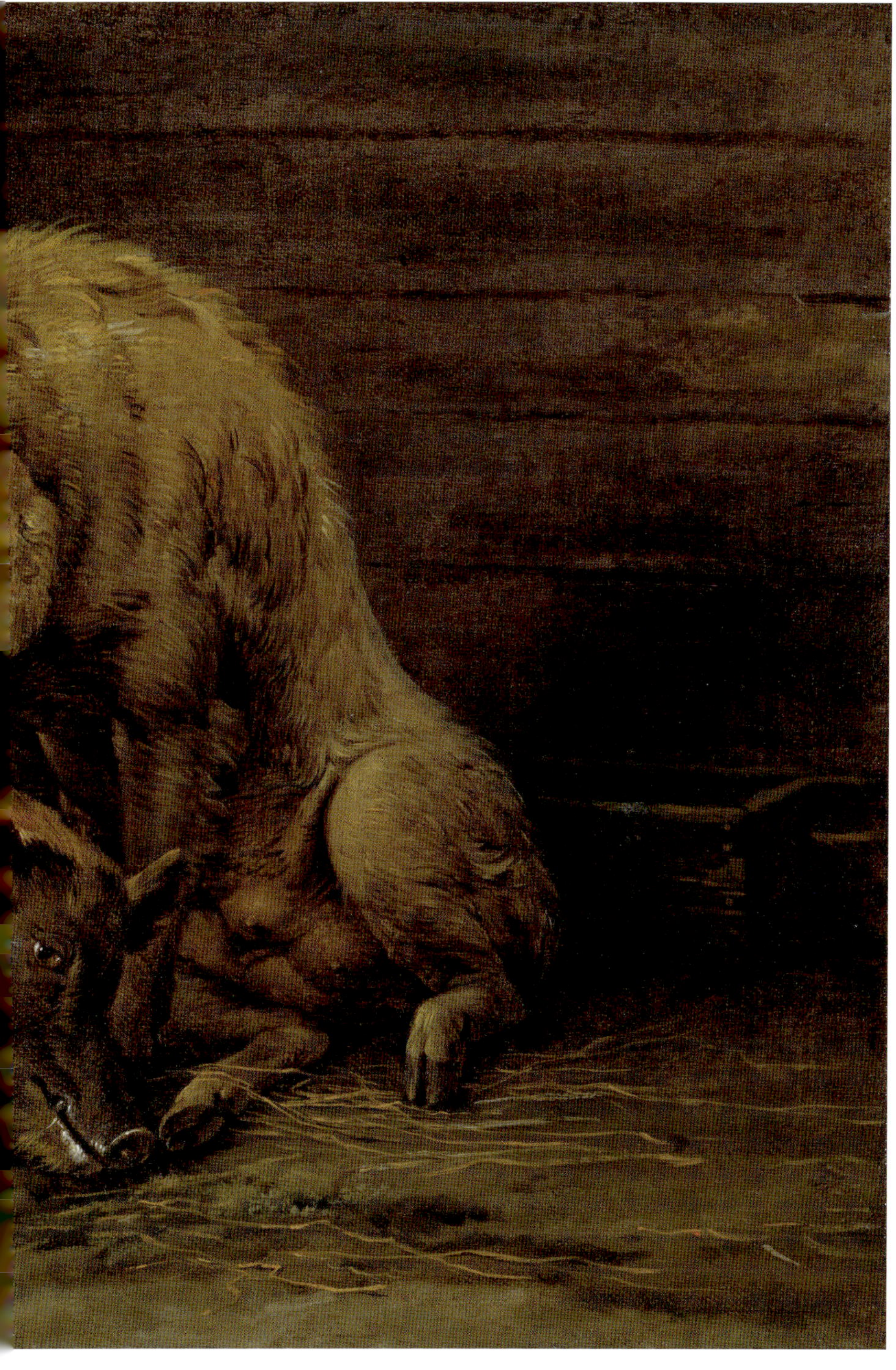

Erwerb – Präsentation – Verlust – Rückkehr

Leider sind wir nur bei wenigen Gemälden über den Erwerb informiert. Drei Werke Potters befanden sich allerdings unter den 64 Werken der Sammlung des Valerius Röver in Delft, die Wilhelm VIII. 1750 en bloc erwerben konnte.[30] Es handelte sich um die Hauptwerke *Die Wassermühle, Der Meierhof* (»Die pissende Kuh«) sowie das Fabelbild *Das Leben des Jägers*.[31]

1751 kommt das große Bild *Hirte und Hirtin mit Vieh* über den Hamburger Gerhard Morell in die Sammlung. Es wird erst im 19. Jahrhundert als Werk Govert Camphuysens identifiziert.[32] Landgraf Wilhelm VIII., der zum Teil sehr kritisch über die Kunsthändler dachte, erwarb über Morell einige Bilder, da er ihm offensichtlich Vertrauen schenkte. Wilhelms befreundeter Sammler Häckel schrieb über den Ankauf: »Mr. Morel ist noch einer von die besten operateurs, so ich kenne, und hat er Ehre mit die Stücke, so Ew. Hochfürst. Durchl. von ihm bekommen, eingelegt; in sonderheit die beyden Solimene, die beyden Landschaften von Rembrand und der Große Potter verdienen, daß Ew. Hochfürstl. Durchl. Ihm gnädig sein.«[33] Ironischerweise erwiesen sich aber alle fünf Gemälde als Werke anderer Künstler als angeboten: die beiden angeblichen Solimenas sind Werke von Giovanni Domenico Cerrini, die beiden Landschaften Rembrandts stammen von Roelant Roghman und der große Potter ist wie erwähnt ein Werk Govert Camphuysens.[34] Bei anderen Ankäufen über den Händler stimmten die Zuschreibungen jedoch, wie etwa bei Rembrandts *Bildnis eines Herrn in ganzer Figur*.[35]

Die restlichen Gemälde sind um 1749 bzw. vor 1783 erworben worden. Im zweiten Inventar von 1775, dem Inventarium B, sind die Gemälde 1–9 aufgeführt, so dass das zehnte zwischen 1775 und 1783 erworben worden sein muss. Damit handelt es sich um eine Erwerbung von Landgraf Friedrich II., der zunächst in die Fußstapfen seines Vaters als Sammler trat, wie dieser nicht ohne Stolz am 26. September 1748 an Baron Häckel schreibt: »Mein sohn ist so tieff in die Mahlerliebhaberey gerathen, als seyn kann,welches mich eben nicht übell freuet, weil dadurch meine Collection einmahl in gute Hände komt.«[36] Später sollte Friedrich dann andere Sammelinteressen in den Vordergrund rücken.[37]

Die Werke wurden in sehr unterschiedlichen Räumen präsentiert. Nr. 1 und 2 hingen im großen Galeriesaal.[38] Nr. 3–5 befanden sich im sog. Herrschaftlichen Palais neben der Galerie, wobei Nr. 3 und 4 im »ersten Blauen Zimmer« zusammen mit zwölf anderen niederländischen Gemälden von Ferdinand Bol, Rembrandt, Wouwerman u. a. hingen; lediglich eine »Zigeunerin« von Caravaggio (heute als Werk Simon Peter Tilmanns erkannt) ergänzte als italienisches Werk das Ensemble.[39] Die beiden berühmten Gemälde, die auch zu den wenigen Werken im Katalog 1783 gehören, die eine umfassendere Beschreibung erhielten, hingen jeweils wahrscheinlich im Zentrum einer Wand.[40] Nr. 5 hing im »Roten Cabinett«.[41] Nr. 6–9 befanden sich in den angrenzenden Räumen des Fürstenhauses, die für die 1777 gegründete Kunstakademie eingerichtet wurden.[42] Nr. 10 hing schließlich im Residenzschloss im Kabinett des Landgrafen. Bernhard Schnackenburg konnte die Hängung des Kabinetts unter Landgraf Friedrich II. rekonstruieren. Im Zentrum befand sich *Pan und Syrinx* von Rubens und Brueghel. Das Gemälde von Potter hing links oben.[43] Auf diese Weise konnte der Landgraf in den unterschiedlichen Räumen fürstlicher Repräsentation auf Werke des Künstlers treffen. Diese visuelle Präsenz »auf Schritt und Tritt« entsprach durchaus der Bedeutung des Künstlers, der zu den unverzichtbaren Künstlern einer guten Niederländer-Sammlung gehörte, wie man einer Äußerung Johann Heinrich Wilhelm Tischbeins (1751–1829), bekannt als »Goethe-Tischbein«, entnehmen kann. Er hatte ein großes Interesse an niederländischer Kunst. 1772 reiste er zu Studienzwecken in die Niederlande, und auch später diente ihm die Kunst des »Goldenen Zeitalters« als Inspirationsquelle. In seinen Lebenserinnerungen hält er fest, was zu einer guten Niederländer-Sammlung gehöre: »Zu einem Guten Kabinet gehort. Ein Kopf von Rembrand, eine ausgefuhrte Skize von Rubens, eins von Gerhart Dou, vom alden Miris, und F. Miris, zwey von Wowerman […] Ochsen von Potter….«[44] Dass es sich hierbei weniger um eine persönliche Meinung, sondern um eine allgemeine Feststellung handelt, belegen die vielen Sammlungen in deutschen Fürstentümern, die solche niederländischen Kabinette zusammentrugen: man denke nur an Schwerin oder Karlsruhe. Bis 1800 blieb die Kasseler Sammlung intakt und zog auswärtige Besucherinnen und Besucher an. Insbesondere *Der Meierhof* (»Die pissende Kuh«) war den Reisenden eine ausführliche Erwähnung wert. So beschreibt der Architekt Georg Heinrich Hollenberg (1752–1831) in seinem 1781 publizierten Bericht die beiden heute in St. Petersburg hängenden Gemälde: »Auf der anderen Seite des Saals [gemeint ist der große

Galeriesaal, J.L.] ist in einem Cabinet eine besonders schöne Landschaft, die pissende Kuh genannt, wegen der darauf befindlichen Thiergruppen, worunter eine Kuh in dieser Stellung befindlich ist; das Stück ist von Paul Potter 1649 gemalt. Gegenüber hängt eine Art Quodlibet von eben diesem Meister, welches einige kleine zusammengesetzte Thierstücke vorstellet.«[45] Ein anonym publizierter Bericht, wohl von Karl Gottlob Küttner (1755–1805), schreibt gegen Ende des Jahrhunderts: »Hier ist unter anderen die berühmte pissende Kuh von Potter, ein Gemählde, daß nicht ein bloßes Viehstück, sondern eine beträchtliche, reiche und schöne Landschaft mit Figuren und Vieh ist. Mich dünkt, es verdient in vollem Masse allen den Ruf, den es genießt.«[46] Wenig später schreibt ein unbekannter Helvetier: »Paul Potters berühmtes Landschaftsstück, die pissende Kuh möchte ich weniger um des Gegenstandes willen von dem es den Namen führt und der, so treffend er auch ausgedrückt ist, doch immer niedrig und unästhetisch bleibt, sondern mehr um der edlen Naturscene im Ganzen, den nächsten Rang nach jenen Lorrains [der heute ebenfalls in St. Petersburg aufbewahrte *Tageszeitenzyklus*, J.L.] einräumen.«[47] Wilhelms Enkel Wilhelm IX. (1743–1821) musste dann jedoch erleben, wie der Bestand erheblich reduziert wurde. Wie gingen diese Gemälde verloren?

Tatsächlich gab er selbst bereits 1803 ein Gemälde von Potter im Tausch ab. Die *Bauernfamilie mit Vieh* von 1646 (Abb. 5) wurde 1803 gegen eine *Mater dolorosa* von Jusepe de Ribera (1591–1652) (Abb. 11) an die kurfürstliche Galerie in München eingetauscht.[48] Sowohl das Werk Potters als auch das Riberas befinden sich noch heute in München bzw. Kassel.[49] Auslöser für den Tausch war eine Anfrage aus München gewesen. In einer »Unterthänigsten Anfrage« des geheimen Staatsministers von Veltheim vom 1. Dezember 1802 heißt es, der bayerische Kurfürst habe »im vorigen Jahre den Wunsch gegen mich geäußert in Höchstdero Schilderey Sammlung zu München auch ein Gemälde von Paul Potter zu besizzen, da von diesem Meister noch kein einziges Stück dort vorhanden ist. Diesem Wunsch ist zugleich das Anerbieten beigefügt gegen ein oder anders, von dorthin zu überlaßendes Stück von genanntem Meister, ein anderes gutes Stück von einem solchen Meister wiederum an dessen Stelle hierher zu liefern, von welchem sich noch keine Arbeit in der hiesigen Gallerie befindet. Dieser Tausch ist sicher für beÿde Gallerien vortheilhaft, da sich beÿde durch Werke von Meistern bereichern, welche bisher noch in beÿden Sammlungen fehlten.«[50] Es ist vermutlich kein Zufall, dass dieser Tausch am Vorabend

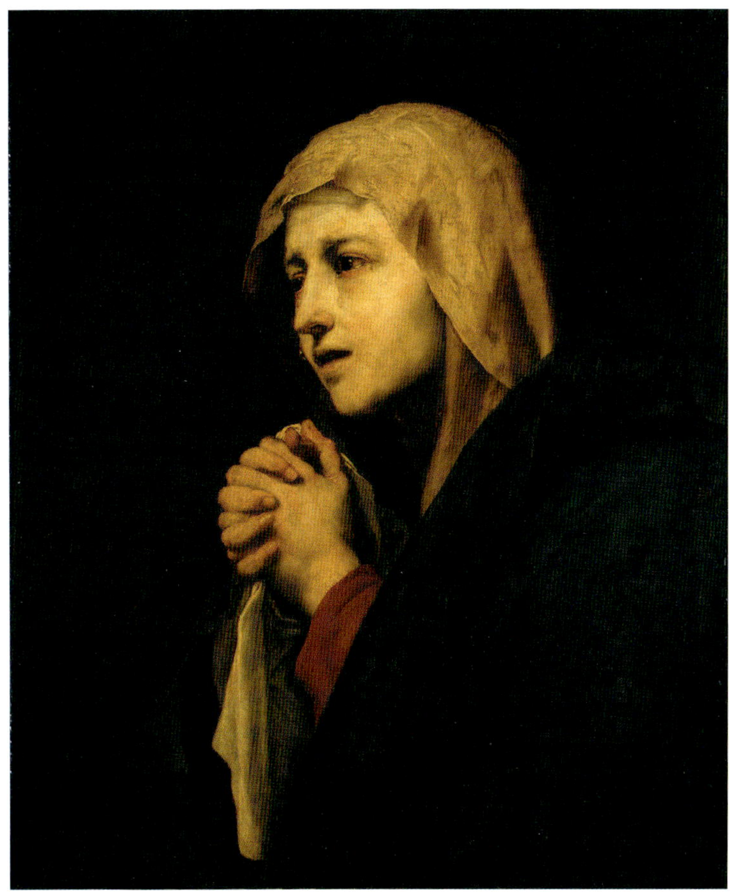

Abb. 11
Jusepe de Ribera, Mater dolorosa, 1638, Leinwand, 76,5 x 63,5 cm, Hessen Kassel Heritage, Gemäldegalerie Alte Meister, GK 590

der Ernennung von Landgraf Wilhelm IX. zum Kurfürsten Wilhelm I. erfolgte. Vielleicht wollte man sich dem bayerischen Kurfürsten gewogen zeigen?

Die weiteren Verluste erfolgten dann im Zusammenhang mit der napoleonischen Besetzung Kassels im Jahr 1806. Aus Sorge vor Beschlagnahmungen ließ Wilhelm I. eine Auswahl von Spitzenbildern in der Sababurg außerhalb Kassels in Sicherheit bringen.[51] Das Versteck wurde jedoch entdeckt oder verraten, so dass der französische General Joseph Lagrange (1763–1836) diese Werke als Kriegsbeute nach Frankreich abtransportieren ließ. Sie wurden Kaiserin Josephine zum Geschenk gemacht, und nach ihrem plötzlichen Tod 1814 erwarb der russische Zar die meisten Werke.

Noch heute werden diese Gemälde in der Eremitage in St. Petersburg aufbewahrt. Darunter sind auch die beiden Hauptwerke Potters *Der Meierhof* und *Das Leben des Jägers* (Abb. 7–8).

Kassel wurde Residenz des neu geschaffenen Königreichs Westphalen und Napoleons Bruder Jérôme Bonaparte (1784–1860) als König eingesetzt.[52] 1807 wurden schließlich drei Gemälde von Potter (bzw. zwei und das später als Werk Camphuysens erkannte große Gemälde) zusammen mit vielen anderen Werken der Galerie von Vivant Denon (1747–1825) für das neu gegründete Musée Napoléon ausgewählt. Sie gelangten nach Paris und wurden an verschiedene Standorte verteilt. Während Potters *Ein Landmann mit seiner Herde* und Camphuysens *Hirte und Hirtin mit Vieh* im Musée Napoléon ausgestellt waren, gelangte das dritte Gemälde *Vier Kühe auf einer Weide* ins Tuilerienschloss.[53]

Damit waren von den zehn Gemälden Potters nur noch vier in Kassel vorhanden. Jedoch blieben auch diese nicht verschont, sondern wurden 1813 von Jérôme auf seiner Flucht aus Kassel nach Frankreich mitgenommen. Als Kurfürst Wilhelm I. Ende 1813 wieder in seine Residenzstadt einzog, waren also keine Gemälde des Künstlers mehr da. Immerhin konnte er durch seine nach Paris gesandte Delegation die von Denon entwendeten Werke zum großen Teil 1815 wieder zurückerhalten (darunter auch die drei Potters aus dem Musée Napoléon und dem Tuilerienschloss), jedoch war der Rest der Verluste unter Lagrange und Jérôme verloren. Die nach Kassel zurückgekehrten drei Gemälde wurden zunächst wieder im Galeriesaal präsentiert, zwei von ihnen gelangten dann jedoch unter den Nachfolgern des Kurfürsten ins Schloss Wilhelmshöhe, von wo sie erst vor 1865 bzw. nach der preußischen Annexion Kurhessens 1866 wieder in die Galerie zurückkehrten. Laut Inventar 1816 wechselte Nr. 2 am 22. Mai 1840 nach Schloss Wilhelmshöhe, war jedoch vor 1865 wieder zurück in der Galerie; Tobias van Westrheene belegt dies bei seinem Besuch in Kassel im selben Jahr mit seiner Beschreibung, in der er auch Nr. 1 (Camphuysen) als dort befindlich erwähnt.[54] Nr. 6 gelangte am 20. Oktober 1829 nach Schloss Wilhelmshöhe und erst am 20. September (?) 1866 wieder zurück in die Galerie. Im 1867 durch Galerieinspektor Aubel aufgestellten Verzeichnis der Gemälde wurde insbesondere das große Tierbild aufgrund seiner Naturnähe hervorgehoben. »Man vermeint die Mäuler der Wiederkäuer sich bewegen zu sehen, das Blöcken des Schafs zu hören und die Wolle greifen zu können.«[55]

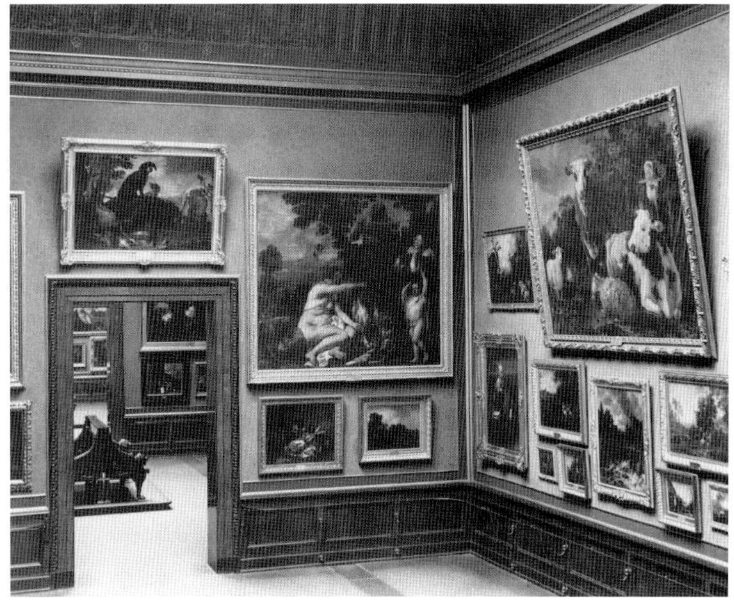

Abb. 12
Blick in den Oberlichtsaal der Königlichen Gemäldegalerie mit dem großen Gemälde von Camphuysen, Foto um 1890, Hessen Kassel Heritage, Archiv

Mit der preußischen Annexion Kurhessens wurde ein neuer Galeriebau angegangen, der 1877 eingeweiht werden konnte. Die Gemälde Potters wurden dort im neunten und zwölften Kabinett gezeigt.[56] Das große Tierbild hing im zweiten Oberlichtsaal (Abb. 12).[57] 1888 erschien ein erster wissenschaftlicher Katalog von Galeriedirektor Oscar Eisenmann. Er ließ die falsche Potter-Signatur »Paulus Potter 1651« entfernen und veröffentlichte das große Gemälde als ein Werk von Camphuysen.[58] Damit hatte sich der Bestand von Originalgemälden Potters noch einmal reduziert. Die beiden verbliebenen erfreuten sich jedoch umso größerer Beliebtheit unter den Forschern und Kopisten. Als 1907 im Verlag E. A. Seemann in Leipzig ein *Album der Casseler Galerie* herausgegeben wurde, befand sich unter den 40 Farbdrucken auch Potters *Landmann mit seiner Herde*.[59] Als derselbe Verlag 1924 eine Mappe mit acht farbigen Reproduktionen nach Werken Potters publizierte, war das Kasseler Gemälde ebenfalls darunter. Ebenso wurde das ehemalige Kasseler Bild *Der Meierhof* dort aufgenommen.[60]

Exkurs: Versuche der Rückgewinnung im 20. Jahrhundert

Die Verluste der Kasseler Galerie schmerzten nicht nur den Kurfürsten und seine Nachfolger, die zwar die Rückforderung aufstellten, jedoch jegliche Rückkäufe kategorisch ablehnten, sondern auch nach dem Übergang in preußische Verwaltung flammte von Zeit zu Zeit der Wunsch nach Rückkehr wieder auf. Insbesondere die Werke in Russland bzw. ab 1922 dann der Sowjetunion gerieten in den Blick im Kontext der beiden Weltkriege.[61] Bereits im Deutsch-Französischen Krieg 1870/1871 wurden Listen der vermissten Werke aus ehemals fürstlichem Besitz auf deutschem Boden erstellt, um diese zurückzufordern. Dazu kam es dann in den Friedensverhandlungen jedoch nicht, da die deutschen Diplomaten wenig Interesse an dem Thema zeigten. Im Kontext des Ersten Weltkrieges und mit dem deutschen Kunstschutz in Frankreich nahm das Projekt wieder Fahrt auf. Wieder wurden Listen der napoleonischen Verluste erstellt und Planungen für die Rückführung begonnen. In verschiedenen Artikeln erinnerten Historiker und Kunsthistoriker an die ehemaligen Kasseler Bilder und forderten deren Rückkehr.[62] Insbesondere der Kasseler Galeriedirektor Georg Gronau (1868–1938) publizierte verschiedene Aufsätze.[63] 1918 kam es gar zu einem Schlagabtausch in Form von Offenen Briefen zwischen Gronau und dem Publizisten Maximilian Harden (1861–1927), der sich gegen eine erzwungene Rückgabe der Bilder aussprach.[64] Auch der Kasseler Oberbürgermeister Erich Koch (1875–1944) wandte sich in dieser Sache persönlich an Kaiser Wilhelm II.[65] Gronau äußerte in einem Brief vom 20. Juli 1918 an den Kunsthistoriker Fritz Wichert (1878–1951) im Auswärtigen Amt seine Hoffnung auf Rückkehr der Bilder und bat, auch hier Einfluss zu nehmen:

»Ich möchte nicht verfehlen, noch einmal Ihr gütiges Interesse in der Sache der Petersburger Bilder in Anspruch zu nehmen und Sie bitten, dass Sie, wenn sich die Gelegenheit dazu bieten sollte, dem neuen Chef die Wünsche der Casseler Galerie unterbreiten möchten. Wie Sie wissen, ist die Sache neuerdings auch im Herrenhaus zur Sprache gebracht worden und hat dort sympathische Aufnahme gefunden; es interessieren sich wirklich viele und wichtige Persönlichkeiten dafür. So hat der Kaiser zu wiederholten Malen seinem lebhaften Wunsche Ausdruck gegeben, dass die Bilder wieder in unseren Besitz zurückgelangen möchten.

Es dürfte Ihnen bekannt sein, dass im Auswärtigen Amt der Plan besprochen worden ist, die Rückforderung der Bilder den Russen als Kompensation gegen die deutschen Forderungen wegen des Petersburger Botschaftspalais vorzuschlagen. Ich bin überzeugt, dass dies am meisten geeignet sein dürfte, die Sache der Gegenpartei annehmbar zu machen, und möchte glauben, dass, wenn die Angelegenheit von unserer Seite mit der genügenden Energie vertreten wird, ein etwaiger Widerstand gebrochen werden könnte. Wovon ich aber durchdrungen bin, ist, dass es unbedingt notwendig ist, sowie die Russen sich zur Rückgabe bereit finden, dann auch so bald als möglich die Ueberführung der Bilder nach Deutschland ins Werk zu setzen, da ja niemand weiss, wie lange das gegenwärtige Regime Geltung haben wird.«[66]

In den Friedensverhandlungen in Brest-Litowsk 1917/1918 sollte das Thema zwar angesprochen werden, wurde dann aber wohl doch nicht einbezogen bzw. führte zu keinem Ergebnis.[67] Nach der Oktoberrevolution in Russland waren zudem Gerüchte laut geworden, dass die Kasseler Bilder mutwillig zerstört worden seien, was sich jedoch als falsch herausstellte. Später hieß es, die Sowjetunion hätte Interesse am Verkauf der Werke. In einem Schreiben vom 24. April 1923 an den Minister für Wissenschaft, Kunst und Volksbildung in Berlin erkundigte sich Gronau nach den gerüchteweise kursierenden Verkaufsabsichten und fügte auch eine 1918 von ihm aufgestellte Auflistung der 21 ehemaligen Kasseler Bilder in der Eremitage mit Schätzpreisen bei, aus der hervorgeht, dass die beiden Gemälde von Potter zu den am höchsten bewerteten Werken gehörten. Nur Rembrandts *Kreuzabnahme* sowie der *Tageszeitenzyklus* von Claude Lorrain waren höher bewertet.[68] Doch kam es nicht zum Verkauf. Danach war es zunächst wieder ruhig, die Wirtschaftskrise rückte andere Fragen in den Vordergrund. Dennoch war das Thema offensichtlich in manchen Kreisen nach wie vor präsent. Im Mai 1941 reiste der deutschbaltische Kunsthistoriker Nils von Holst (1907–1993) nach Moskau und Leningrad, um an Verhandlungen zwischen der deutschen Botschaft und der sowjetischen Regierung zur Rückführung der baltendeutschen Kunstgüter teilzunehmen. Dabei nutzte er wahrscheinlich auch die Gelegenheit, die ehemaligen Kasseler Bilder in der Eremitage zu studieren und eine Rückführung oder auch einen Rückkauf zu eruieren.[69] Nach dem Überfall deutscher Truppen im Juni 1941 auf die Sowjetunion flammte die »Rückgewinnung deutscher Kunstschätze« erneut auf, und auch dieses Mal wurden in Amtsstuben Pläne für die »Heimführung der Kasseler Bilder« entwickelt. In verschiedenen Listen wurden ehemalige Kasseler Kunstwerke sowohl in der Eremitage als auch in anderen Sammlungen erfasst.[70] Kurt Luthmer (1891–1945), seit 1928 Direktor der Staatlichen Kunstsammlungen in Kassel, wandte sich am 25. November 1941 an das Ministerium für Wissenschaft, Erziehung und Volksbildung und griff das Thema der »Kasseler Bilder« in St. Petersburg erneut auf: »Die geraubten Bilder sind damals in der Eremitage in Petersburg aufgehängt worden. Die Russen haben damals, nach unseren Begriffen, ein ausgesprochenes Hehlergeschäft gemacht. Da in absehbarer Zeit mit dem Fall von Petersburg zu rechnen ist, besteht die Möglichkeit, die geraubten Gemälde, soweit sie noch vorhanden sind, wieder zu erlangen und sie dann der Kasseler Galerie, der sie einst gehörten, wieder zuzuführen. Sollte meine Anregung, wie vielleicht zu vermuten ist, bereits Gegenstand der Überlegungen sein, so bitte ich, mein Schreiben als erledigt zu betrachten.«[71]

Es kam bekanntlich anders und nach dem Ende des Zweiten Weltkrieges und den damit verbundenen massiven Zerstörungen wurden derartige Pläne endgültig beerdigt.

»To talk about Holland is to talk about cows« (Johan Koppenol). Potter als Tiermaler und die Folgen

Kühe und Rinder gehörten im 17. Jahrhundert zur alltäglichen Lebenswelt der Menschen. Noch im 19. Jahrhundert antwortete der Künstler Cornelis Kruseman (1797–1857) auf die Frage, was das geeignete Sinnbild für die Niederlande sei, lapidar: »Nimm eine Kuh!«.[72] Ja, in gewisser Weise prägen sie noch heute das Bild der Niederlande. Milch und Käse sind nicht nur Produkte des täglichen Bedarfs, sondern stehen gleichsam stellvertretend für das Image der Niederlande. Man muss nur an die erfolgreiche Werbekampagne von Frau Antje erinnern, die seit über 60 Jahren den Käse des Nachbarlandes anpreist.[73] Was könnte also näher für niederländische Künstler liegen, als sich dem allgegenwärtigen Tier zu widmen?

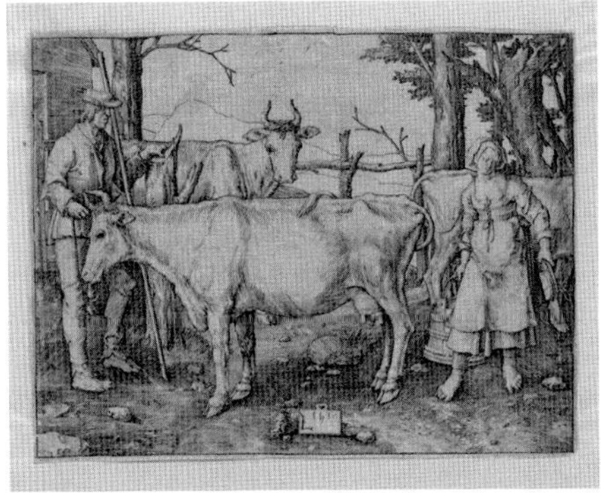

Abb. 13 Lucas van Leyden, Die Milchmagd, 1510, Kupferstich 12 x 15,6 cm, Hessen Kassel Heritage, Graphische Sammlung, GS 20323, fol. 76

Zu Lebzeiten Potters gehörten die Tiere unmittelbar zum Erscheinungsbild im Alltag. Viele Menschen hielten sich eine oder auch mehrere Kühe. Das betraf nicht nur die Landbevölkerung, sondern

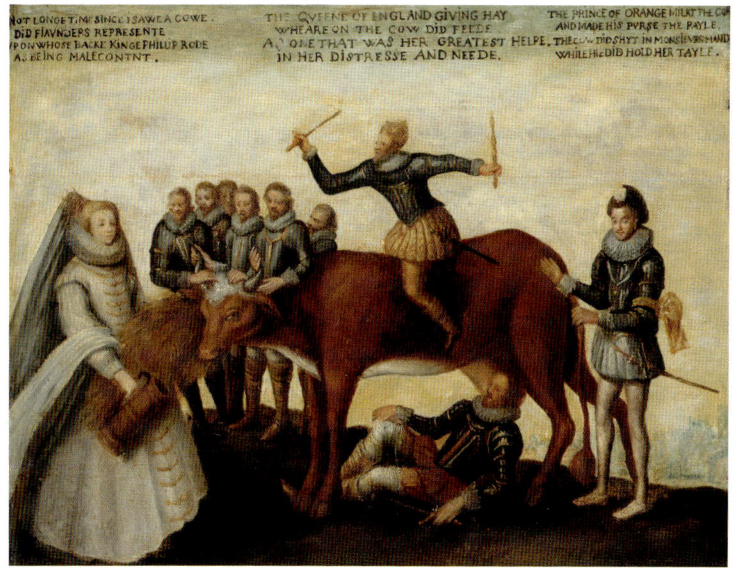

Abb. 14
Anonym,
Die Milchkuh.
Satire auf die
Ausbeutung
der Niederlande,
um 1633-39
(nach älterem
Vorbild), Leinwand,
52 x 67 cm,
Amsterdam,
Rijksmuseum,
SK-A-2684

auch Städter wie die Schriftsteller Jacob Cats, Jacob Westerbaen oder Hubert Kornelisz. Poot.[74] Cats verglich seine Heimat mit Italien und stellte zufrieden fest: »Verachte unser Holland nicht, wir haben schöne Kühe, die uns süße Milch, Rahm und Butter schenken, nicht zweimal im Jahr, sondern zweimal am Tag und dadurch dem Volk gute Ernährung produzieren.«[75] Nicht nur Milch und Käse waren beliebte Produkte, sondern Rinder dienten auch der Fleischproduktion. Tiermärkte, auf denen Ochsen aus Norddeutschland oder Dänemark angeboten wurden, gehörten zum gewohnten Bild, so etwa in Enkhuizen, dem Geburtsorts Potters.

Doch bereits eine der frühesten Darstellungen einer lebensechten Kuh – Lucas van Leydens 1510 entstandene *Milchmagd* – kann das allegorische Potenzial einer solchen Darstellung vor Augen führen (Abb. 13). Zwar sehen wir eine Kuh, eine Milchmagd sowie einen Bauern, doch erschöpft sich das Sujet nicht in der Darstellung des Alltags, sondern das Blatt erfuhr bereits eine umfangreiche Deutungsgeschichte.[76] Insbesondere die erotischen Anspielungen standen dabei im Vordergrund. Aber auch politische Botschaften wurden im Gewand des Huftiers verbreitet. So zeigt ein anonymes Gemälde den spanischen König Philipp II. auf einer Kuh reitend, während Wilhelm von Oranien Milch aus den Zitzen trinkt (Abb. 14). Die englische Königin Elizabeth I. bietet dem Tier Futter an und hält auch einen Krug für die Milch bereit. Hinter der Kuh steht François d'Anjou, der Bruder des französischen Königs, der den Schwanz der Kuh festhält. Die Kuh repräsentiert dabei unschwer die Niederländischen Provinzen, die zum politischen Spielball europäischer Mächte wurden. Das Gemälde ist zwar aufgrund der Dendrochronologie auf 1633–39 zu datieren, dürfte aber eine Kopie nach einem verlorenen Original aus der Zeit vor 1582/1583 stammen, bevor Anjou als Herzog von Brabant installiert wurde.[77] Die positive Darstellung von Elizabeth I. sowie die englische Beschriftung belegen, dass die Satire sich an das dortige Publikum richtete. Der Text beginnt mit den Worten: »Not longe time since I sawe a cowe / Did Flaunders represente…«. Die Kuh wird zum Sinnbild der Niederlande, wie auch aus einem Brief vom 2. März 1583 des spanischen Botschafters in London an Philipp II. hervorgeht, in der es über eine ähnliche Darstellung heißt: »[...] una vaca que significa aquellos Estados.«[78]

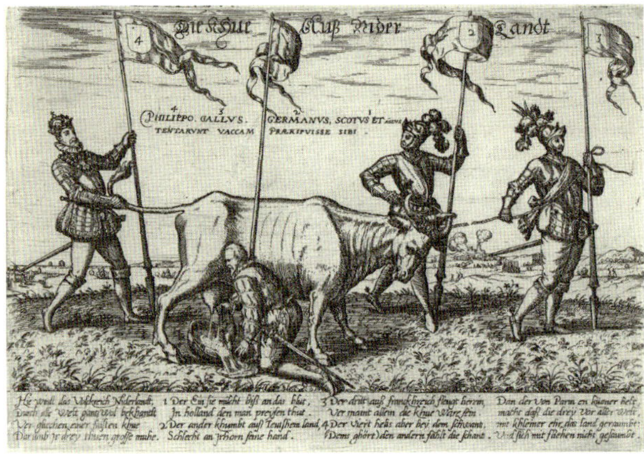

Abb. 15
Anonym, Die niederländische Kuh. Satire auf die Ausbeutung der Niederlande, um 1587, Radierung, 17,5 x 26,3 cm, Amsterdam, Rijksmuseum, RP-P-OB-80.058

Eine 1587 oder später entstandene Radierung mit dem Titel *Die Khue auss Nider Landt* zeigt eine ähnliche Symbolik, jedoch mit einer etwas anderen politischen Orientierung (Abb. 15). Wieder wird eine Kuh von verschiedenen Personen umlagert. Während diesmal Robert Dudley, Earl of Leicester, von 1585 bis 1587 Statthalter der Niederlande, unter der Kuh kniet und diese melkt, steht Philipp II. hinter ihr und zieht sie am Schwanz. Vorne versucht Anjou diese am Seil wegzuführen, während ein weiterer Edelmann, wahrscheinlich Matthias von Österreich, Statthalter der Niederlande von 1578 bis 1581, sie an den Hörnern packt.[79]

Aber auch ein Stier kann in solcher politischen Symbolik dargestellt werden, wie eine wahrscheinlich 1577 in Brüssel entstandene Zeichnung in Marburg verdeutlicht, auf der ein Stier von dem Statthalter Juan de Austria zum Schlachthof geführt wird (Abb. 16).[80] Die ziemlich blutrünstige Darstellung ist als drastische Warnung vor der Tyrannei der Spanier in den Niederlanden zu verstehen.

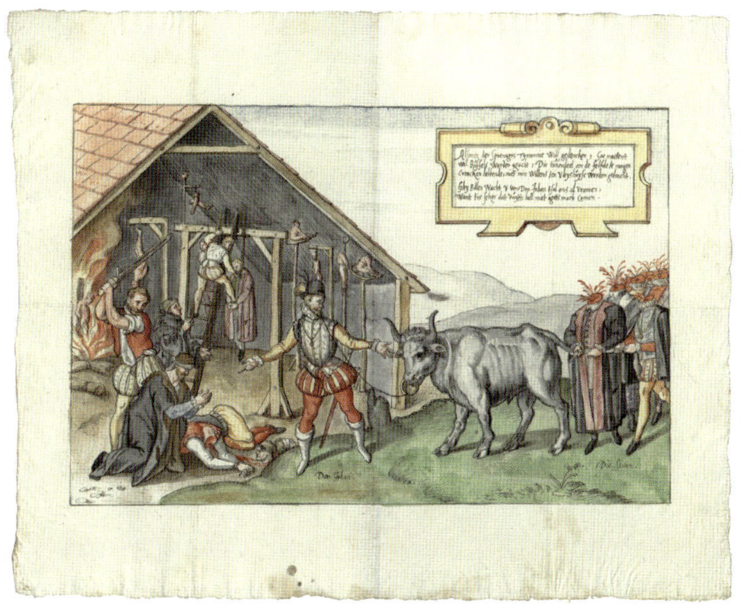

Abb. 16
Anonym,
Warnung vor
der spanischen
Tyrannei, 1577,
Aquarell,
32,5 x 41 cm,
Marburg, HStAM
4 f Staaten
Niederlande 212

Vor diesem Hintergrund geht man sicher nicht zu weit, in Potters lebensgroßer Darstellung eines Stiers von 1647 eine Personifikation der wehrhaften Niederlande zu erkennen. Wie gefährlich das Tier sein konnte, führte eine im selben Jahr erschienene anonyme Abhandlung *Stiers wreetheyd, gepleegt aan Meester en Vrouw* vor Augen. Sie berichtet von einem wilden Stier, der 1638 in Zaandam einen Farmer und seine schwangere Frau attackiert hatte, wobei allein das bei dem Angriff geborene Kind überlebte. Die Geschichte blieb über Jahrhunderte präsent und wurde in Berichten und Darstellungen überliefert.[81]

Das bedeutet zwar nicht unbedingt, dass jedes gemalte Rind immer auch eine politische Bedeutung aufweisen muss, jedoch schwingt dies bisweilen eben mit, und die Selbstidentifikation der Niederlande mit einer Kuh bzw. einem Stier dürfte zur Popularität des Genres in den Niederlanden beigetragen haben. Potter darf also nicht als Erfinder des Sujets gelten, jedoch zählt er zweifelsohne zu den prominentesten Vertretern dieses Bildthemas. Was macht jedoch seine Werke so besonders? Schauen wir im Hinblick auf diese Fragestellung einmal Potters Gemälde in Kassel etwas genauer an.

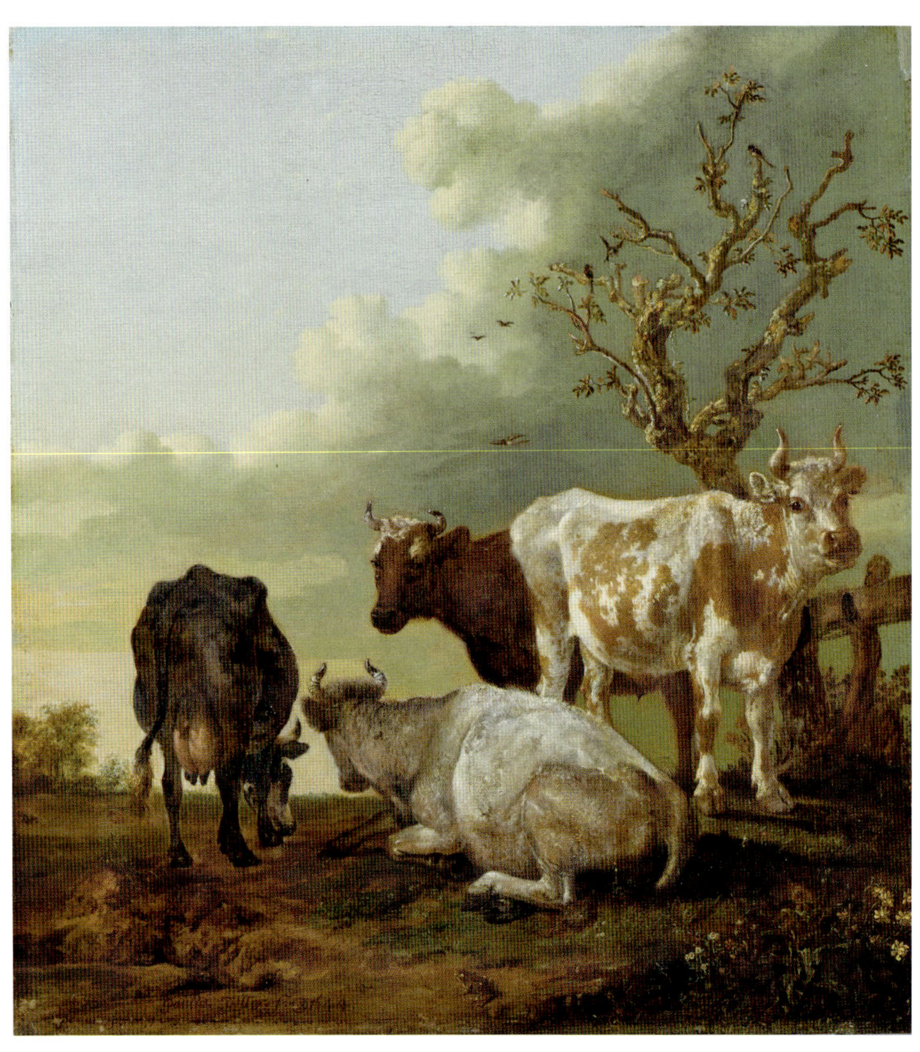

Abb. 17
Paulus Potter, Vier Kühe auf einer Weide, 1644, Eichenholz, 39,6 x 37,2 cm,
Hessen Kassel Heritage, Gemäldegalerie Alte Meister, GK 368

Vier Kühe auf der Weide – ein erstes Tierstück

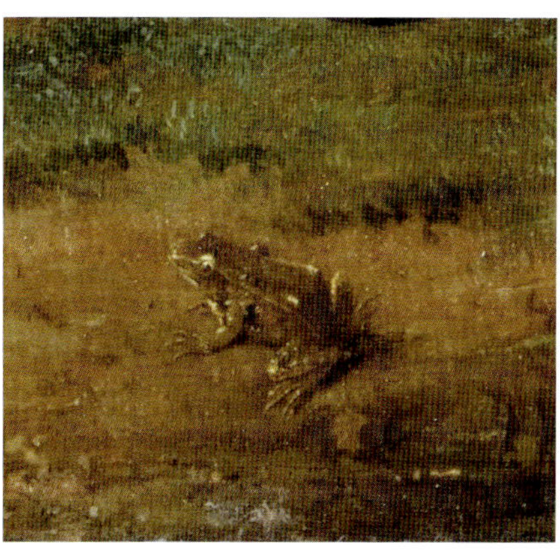

Abb. 18
Der Frosch am Boden, Detail aus Abb. 17

Das annähernd quadratische Gemälde entstand 1644 und ist damit das früheste Beispiel eines reinen Tierstücks in Potters Werk (Abb. 17). Es zeigt auf kleinem Format vier Kühe zu einer Gruppe zusammengefasst. Jedes Tier ist dabei in unterschiedlicher Position dargestellt, so dass man eine Kuh von vorne, eine von der Seite, aber auch eine von hinten sieht. Während zwei aus dem Bild herausschauen und Kontakt zu den Betrachtenden aufzunehmen scheinen, ist bei den anderen der Blick abgewandt, ja man sieht direkt auf ihr Hinterteil. Es ist zugleich eine zufällig wirkende, doch sicher bewusst kombinierte Komposition. In deren Mitte befindet sich der Kopf der braunen Kuh, die direkt zu uns zu blicken scheint. Die Kuh links wendet ihr Hinterteil uns zu, während das Tier rechts uns anschaut und den Mund gleichsam zum Dialog zu öffnen scheint. Der Mensch fehlt völlig, allein ein Zaun auf der rechten Seite verweist auf seine Präsenz. Und dennoch ist es ein menschlicher Blick auf das Tier. Die Horizontlinie ist weit nach unten gelegt, wie dies üblicherweise in der niederländischen Landschaftsmalerei der Zeit der Fall ist. Dadurch wirken die Kühe monumental ins Bild gesetzt. Wie zur Verdeutlichung dieser Größe erkennt man im Vordergrund einen kleinen Frosch (Abb. 18). Gegenüber den hoch aufragenden Kühen nehmen wir als Betrachtende die bewundernde »Froschperspektive« ein. Es ist also ein liebevoller und gleichzeitig überhöhender Blick auf das Tier. Indessen mag der Frosch auch auf die Fabel *Frosch und Ochse* von Phaedrus verweisen, in der ein Frosch so groß wie ein Ochse sein möchte und sich deshalb aufbläst. Schließlich stirbt er jedoch an diesem (sinnlosen) Versuch. Die Fabel versinnbildlicht also den Hochmut vor dem Fall, oder wie es Phaedrus selbst formuliert: »Der Schwache geht, wenn er sich dem Mächtigen gleichmachen will, zugrunde.«[82] Das kleine Detail zeigt, wie komponiert und anspielungsreich Potter seine Gemälde anlegte, die keineswegs einfache Schilderungen der Natur sind.

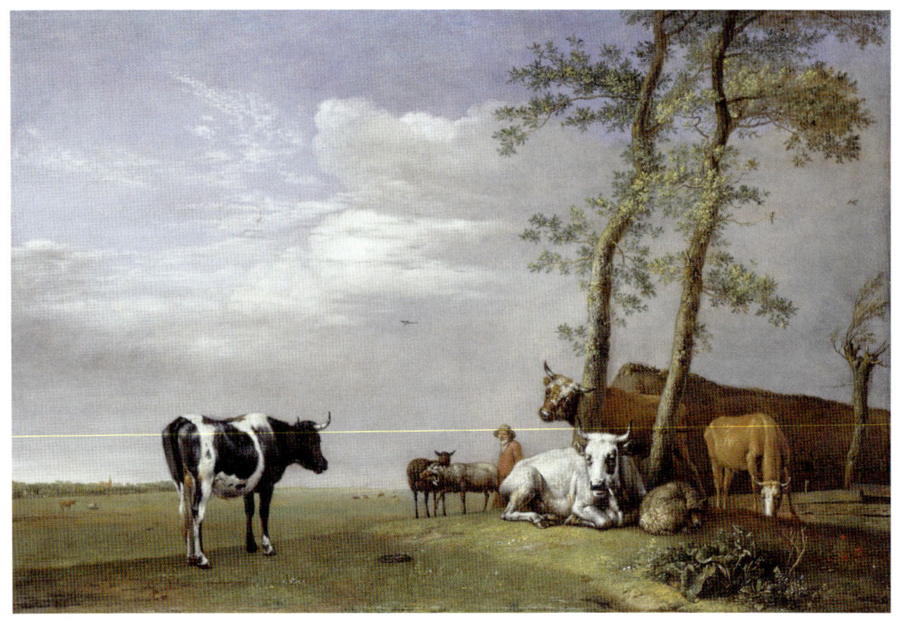

Abb. 19
Paulus Potter,
Ein Landmann mit seiner Herde, 1648,
Eichenholz,
50 x 74,5 cm,
Hessen Kassel Heritage,
Gemäldegalerie Alte Meister,
GK 369

Ein Landmann mit seiner Herde – eine erfolgreiche Komposition

Das Gemälde zeigt im klassischen Querformat der niederländischen Landschaftsmalerei eine Herde von Kühen und Schafen auf der Weide, wobei der Gruppe rechts, die sich um zwei Bäume schart, eine diagonal nach links in den Raum stehende Kuh auf der linken Seite gegenübersteht (Abb. 19). Erst auf den zweiten Blick erkennt man den Landmann im Mittelgrund, der fast in der Landschaft zu versinken scheint. Der Fokus liegt dennoch auf der Darstellung der Tiere. Der niedrige Horizont lässt die Tiere, insbesondere die Kuh links, monumental erscheinen. Auch findet sich dort wieder, wie zur Unterstützung dieser Bildaussage, ein Frosch im Vordergrund. Die Isolierung der beiden Tiere verstärkt die Anspielung auf die oben erwähnte Fabel. Als besonderen Bildwitz platzierte der Künstler im Vordergrund ziemlich genau in der Bildmitte einen Kuhfladen. Zwischen der linken Kuh und dem Landmann gelegen, kommt ihm eine kompositorisch vermittelnde Rolle zu. Ja, fast scheint es so, als dass sich Kuh und Landmann anschauen. Potter schuf die Komposition bereits zwei Jahre früher, wie eine 1646 signierte detailgleiche Fassung in Lyon belegt. Offensichtlich bestand zwei Jahre später erneut Interesse an der Komposition, so dass er die Kasseler Fassung schuf, die 1648 signiert und datiert ist.

Die Wassermühle – ein spätes Meisterwerk

Bei einem Künstler, der mit nur 28 Jahren verstirbt, von Spätwerk zu reden, ist sicherlich fragwürdig. Dennoch zeigt gerade das nach Kassel zurückgekehrte Werk eine Veränderung in Potters Landschaftsauffassung an, die bei einem längeren Leben womöglich weitere Transformationen durchlaufen hätte (Abb. 20). Standen am Beginn von Potters Schaffen die Tiere isoliert und monumental gegen den Himmel gestellt, so ist die Horizontlinie nun deutlich nach oben verlegt. Einen Frosch wie auf den beiden anderen Gemälden (sogar auf Camphuysens Gemälde taucht einer auf) sucht man hier vergebens. Wir blicken jetzt auch nicht aus der Froschperspektive, sondern eher von oben auf die Tiere. Die Szene wirkt dadurch weniger heroisiert oder dramatisch. Vielmehr scheint es ein Blick in eine beschauliche Welt zu sein. Das Wasser läuft über das Mühlrad,

Abb. 20
Paulus Potter,
Die Wassermühle,
1653, Leinwand,
54,8 x 62,8 cm,
Hessen Kassel Heritage,
Gemäldegalerie Alte Meister,
GK 1255

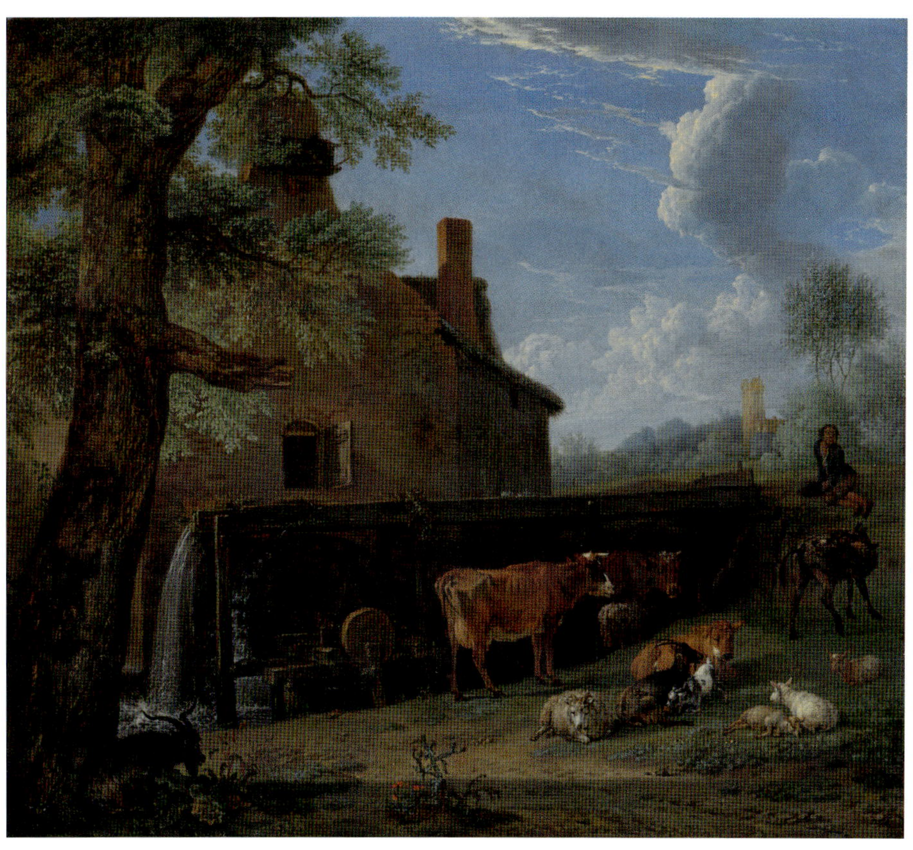

Kühe, Ziegen und Schafe stehen oder lagern friedlich auf der Wiese davor. Lediglich rechts fällt eine Ziege auf, die sich plötzlich zu ihrem Schwanz gedreht hat. Oberhalb davon sitzt ein verträumt nach rechts blickender Hirtenjunge im Gras. Gerade dieser zeigt noch einmal die ambivalente Rolle menschlicher Figuren im Werk Potters. Sie sind meist von keiner tragenden Bedeutung für das Bild, ja eigentlich scheinen sie fast wie Fremdkörper und stören die Idylle der Tiere.

Neben diesen drei Gemälden hinterließen auch die heute nicht mehr vorhandenen Werke Spuren in Kassel, dienten sie doch wie die übrige landgräfliche Sammlung als Studienobjekte für die hiesige Kunstakademie.

Potter als Studienobjekt der Kasseler Kunstakademie

Die Kasseler Kunstakademie war als Gründung von Landgraf Friedrich II. von Hessen-Kassel untrennbar mit der von seinem Vater übernommenen Gemäldegalerie verbunden.[83] Darauf wies Simon Louis du Ry (1726–1799) in der Eröffnungsansprache zur Akademiegründung vom 18. Oktober 1777 im Akademiehaus an der Bellevuestraße ausdrücklich hin:

»Sie werden in dieser Stadt alle Hülfsmittel finden, die Ihnen notwendig sind. Seine Hochfürstliche Durchlaucht, Ihr erhabener Beschützer, wird Ihnen seine Kunstschätze öffnen; er gestattet Ihnen, die schönen Bildwerke zu zeichnen, mit denen die Gemächer dieses Palais angefüllt sind. [...] Die Galerie und die Kabinette Ihres Landesherrn umschließen Meisterwerke der Malerei der verschiedenen Schulen. Diese Räume sollen Ihnen geöffnet werden, und Sie können da nicht nur die Eigentümlichkeiten der Kunstwerke der berühmtesten Meister unterscheiden lernen, sondern Sie werden auch durch deren Nachbildung die Kenntnisse der Farbgebung und der übrigen Teile der Malerei erwerben können.«[84]

Abb. 21 Johann Heinrich Tischbein d. J. nach Paulus Potter, Bauer mit vier Pferden (Detail aus dem Meierhof), 1783, Radierung, 22,4 x 29,8 cm, Hessen Kassel Heritage, Graphische Sammlung, GS 30011

Abb. 22 Johann Heinrich Tischbein d. J. nach Paulus Potter, Die pissende Kuh (Detail aus dem Meierhof), 1787, Radierung, 24,7 x 30,2 cm, Hessen Kassel Heritage, Graphische Sammlung, GS 30083

So nimmt es kein Wunder, dass in den ersten Ausstellungen der Kunstakademie auch Kopien nach Paulus Potter gezeigt wurden. So war ein »Stück nach Potter« von dem um 1752 geborenen J. A. de Hoyer aus Braunschweig auf der ersten Ausstellung 1778 zu sehen.[85] Auf der zweiten Ausstellung 1779 wiederum zeigte Andreas Range (1762–1835) ein »Viehstück nach Potter«.[86] Beide waren Schüler der Akademie.[87]

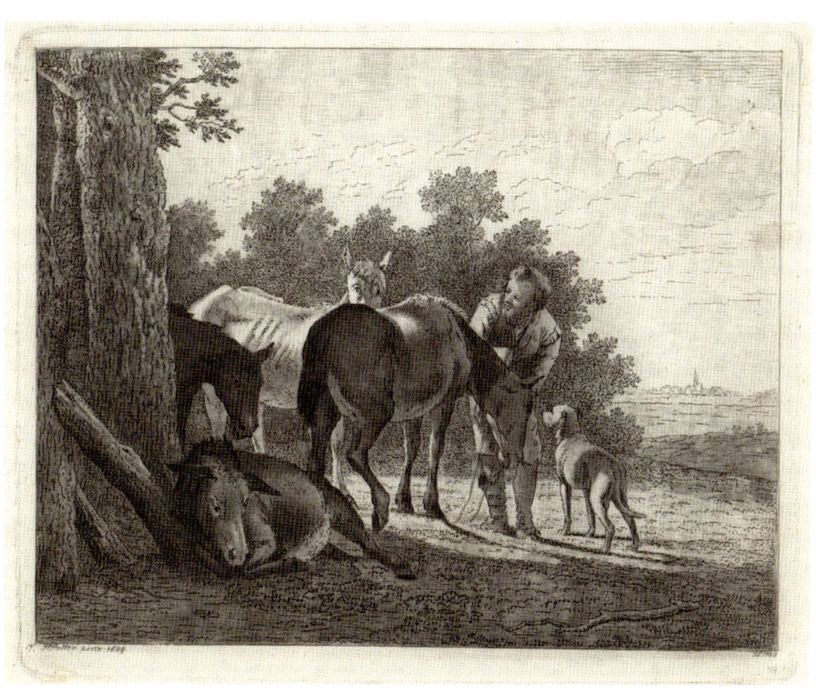

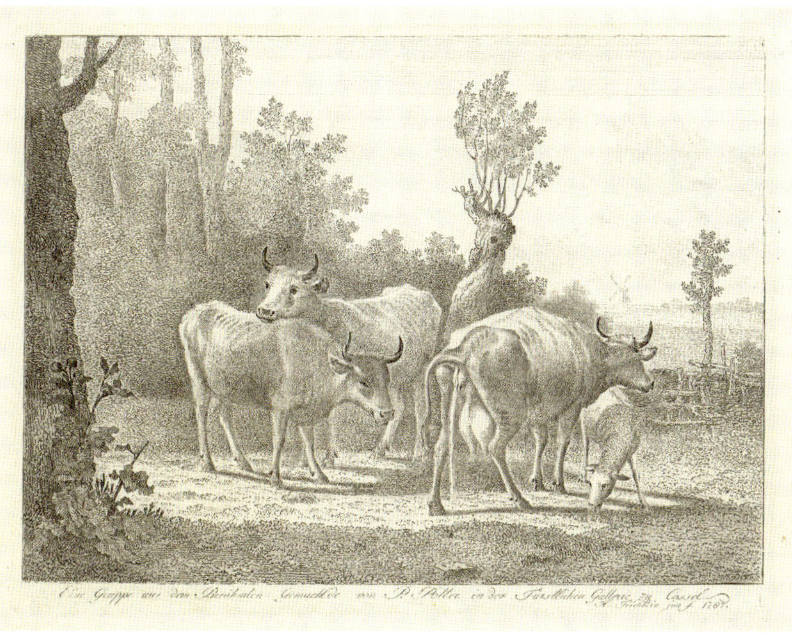
Ein Gruppe aus dem Berühmten Gemählde von P. Potter in der Fürstlichen Gallerie zu Cassel

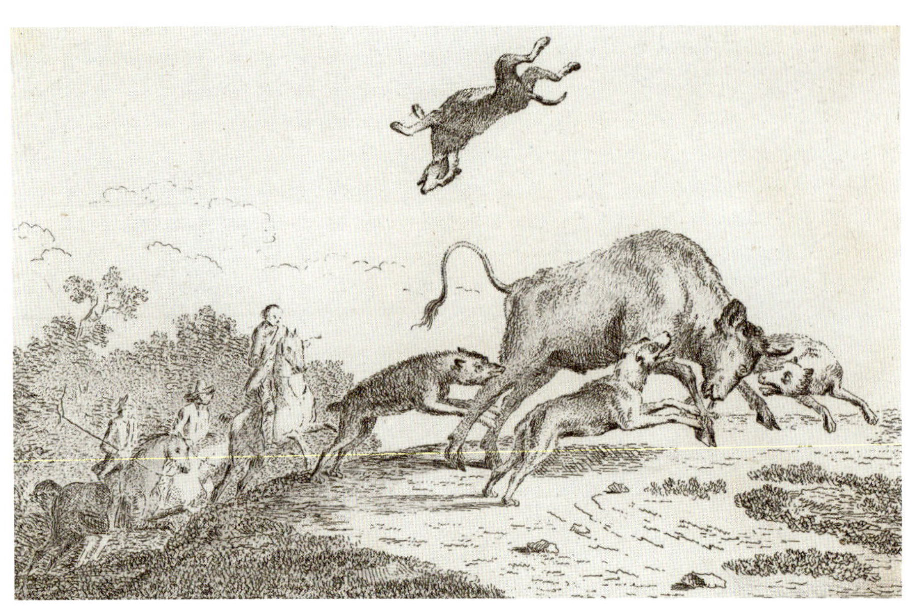

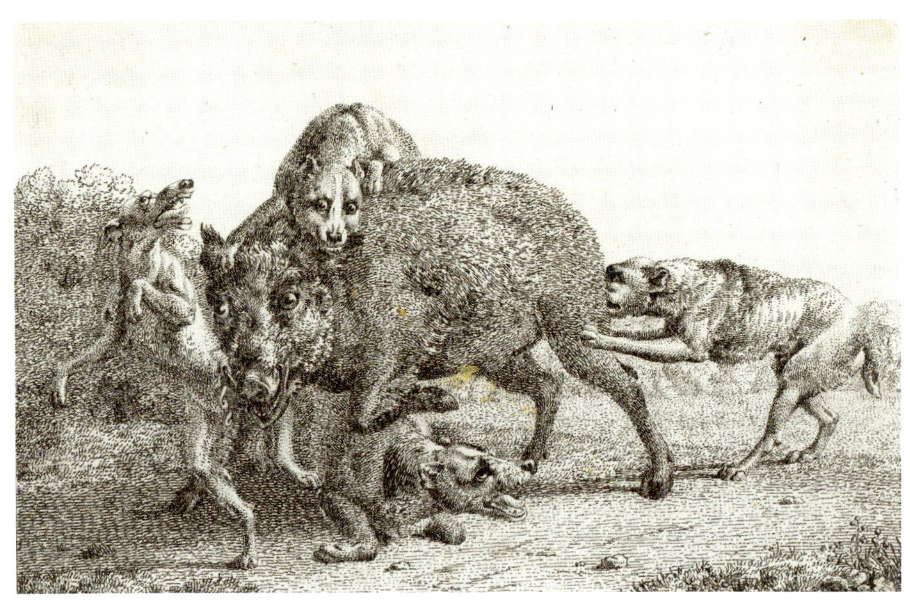

Aber auch Galerieinspektor Johann Heinrich Tischbein d. J. (1742–1808) widmete sich wiederholt der graphischen Reproduktion von Gemälden Paulus Potters. Auffällig bei ihm ist nicht nur, dass er mit verschiedenen Drucktechniken experimentierte – eine *Kurzgefaßte Abhandlung über die Ätz-Kunst* erschien 1790 –, sondern auch, dass er meist Details aus den Werken wiedergab und nicht die gesamte Komposition. Von den zehn Gemälden Potters waren es die beiden berühmtesten – *Der Meierhof* (»Die pissende Kuh«) und *Das Leben des Jägers* –, die ihn zu Graphiken anregten. Von ersterem wählte er zwei Tiergruppen aus. Dass eine davon die Gruppe um die namensgebende »pissende Kuh« ist, dürfte nicht erstaunen (Abb. 21). Das 1787 entstandene Blatt erfreute sich einer gewissen Beliebtheit. Drei Jahre später entstand eine andere Tiergruppe, die sich im Gemälde rechts davon zwischen den Bäumen befindet (Abb. 22).

Von dem Fabelbild wiederum wählte Tischbein zwei Einzelszenen aus, wobei die Hunde, die einen Büffel jagen, im Originalbild unten rechts (Abb. 23), und die Jagd auf ein Wildschwein unten links zu sehen sind (Abb. 24). Obwohl das Gemälde so berühmt war, scheint es keine Druckgraphik gegeben zu haben, welche die Gesamtkomposition zeigt. Tischbeins Schüler Wilhelm Unger (1775–1855) schuf 1804, also am Vorabend des Verlustes des Gemäldes, eine Radierung nach dem oberen zentralen Bildfeld, in dem die Tiere den Jäger zur Verurteilung führen (Abb. 25). Tischbeins Bruder, Johann Heinrich Wilhelm Tischbein, der »Goethe-Tischbein«, schuf Aquarellkopien nach niederländischen Meistern. Die Kopie nach Potters Bärenjagd, die Szene am linken Rand in der Mitte des Fabelbildes, wurde 2013 im Kunsthandel verkauft.[88] Eine andere aquarellierte Teilkopie – sie zeigt denselben Bildausschnitt wie Ungers Radierung – befindet sich im Landesmuseum Oldenburg.[89]

Goethe selbst äußert sich in höchster Bewunderung über das Gemälde Potters: »Von allen Künstlern welche die Thierfabel zum Gegenstand ihrer Bemühungen erkohren, hat wohl keiner so recht den Punkt getroffen, als Paul Potter, in einem Gemälde in mehreren Abtheilungen, so sich ehemals in der Gallerie zu Cassel befunden. Die Thiere haben den Jäger gefangen, halten Gericht, verurtheilen und bestrafen ihn; auch des Jägers Gehilfen, Hunden und Pferd wird ein schlimmes Loos zu theil. Hier ist alles ironisch und das Werk scheint uns als gemaltes Gedicht außerordentlich hoch zu stehen. Wir sagen absichtlich als gemaltes Gedicht, denn obgleich Potter der Mann war, daß alles von ihm herrührende von Seite der

Abb. 23
Johann Heinrich Tischbein d. J. nach Paulus Potter, Büffeljagd, (Detail aus dem Leben eines Jägers), 1786, Radierung, 15 x 23,7 cm, Hessen Kassel Heritage, Graphische Sammlung, GS 30089

Abb. 24
Johann Heinrich Tischbein d. J. nach Paulus Potter, Eberjagd, (Detail aus dem Leben eines Jägers), um 1786, Radierung, 11,7 x 17 cm, Hessen Kassel Heritage, Graphische Sammlung, GS 30124

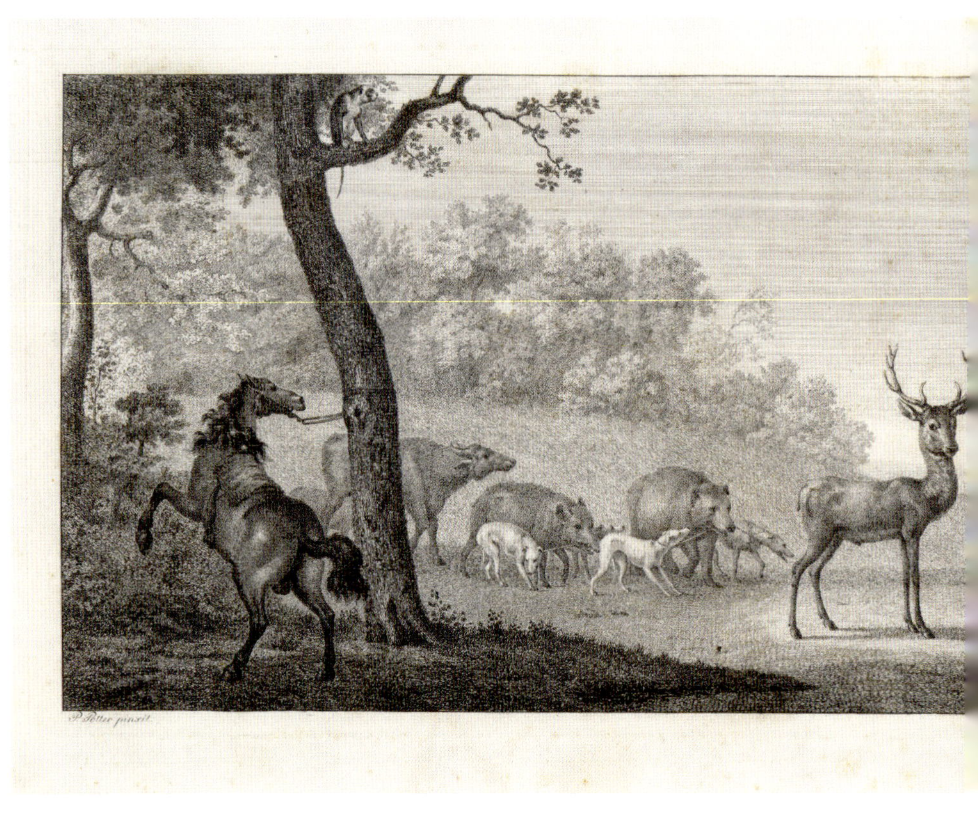

Abb. 25
Wilhelm Unger nach Paulus Potter, Der Rat der Tiere, 1804, Radierung, 35 x 81,2 cm, Hessen Kassel Heritage, Graphische Sammlung, SM-GS 1.2.2153

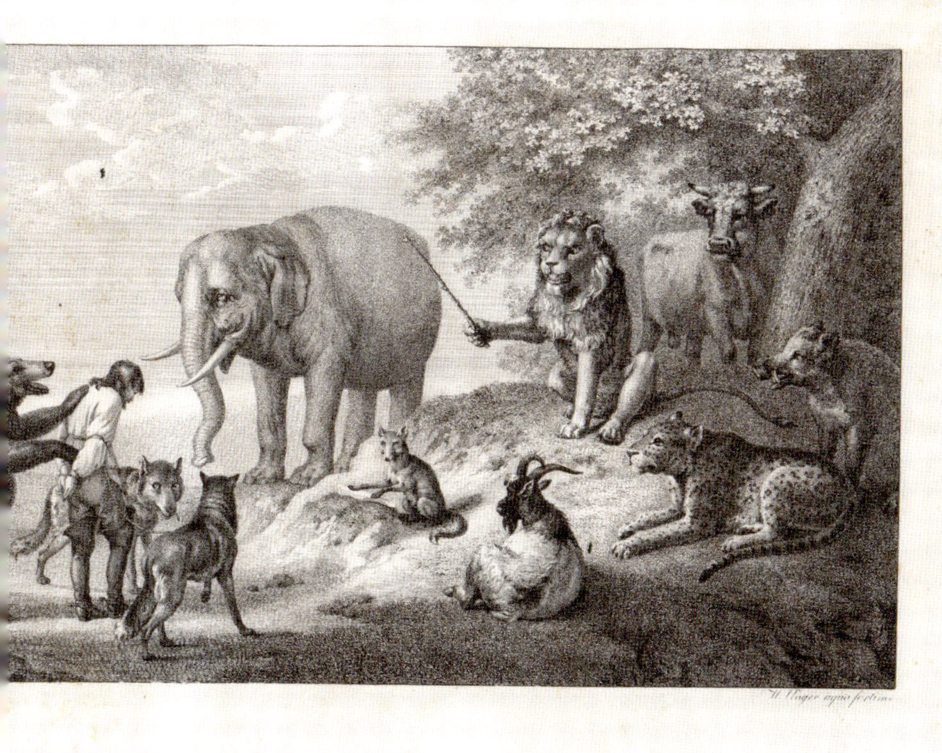

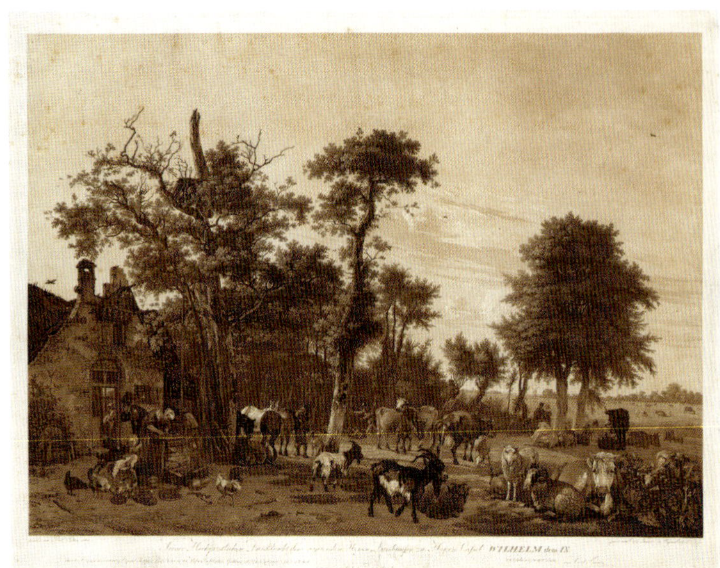

Abb. 26
Carl Kuntz
nach Paulus Potter,
Der Meierhof,
1799/1800, Aquatinta,
64,9 x 84 cm,
Hessen Kassel
Heritage, Graphische
Sammlung, GS 5554

Ausführung Verdienste hat, so gehört doch gerade das erwähnte Stück nicht unter diejenigen, wo er uns als Maler Bewunderung abnöthigt. Hingegen wird schwerlich ein anderes, selbst das vollendete Meisterstück der pissenden Kuh nicht ausgenommen, dem Beschauer größeres Vergnügen gewähren, sich seinem Gedächtniß so lebhaft und ergötzend einprägen.«[90]

Dagegen entstand von Potters *Meierhof*, von dem Tischbein nur Einzelgruppen reproduzierte, eine Gesamtansicht durch den Mannheimer Künstler Carl Kuntz (1770–1830), der sich auch später intensiv mit Potters Kühen auseinandergesetzt hat. In Aquatinta-Manier radierte er 1799/1800 ein großes Blatt, das eine Widmung an Landgraf Wilhelm IX. trägt (Abb. 26). Der Künstler schuf später immer wieder Landschaften mit Kühen ganz im Stil von Paulus Potter, so etwa *Hirt und Herde am Brunnen* von 1801, das um 1828 von Kurfürst Wilhelm II. erworben wurde (Abb. 27).[91]

In diesem Kontext ist bemerkenswert, dass in Russland offenbar bisweilen an der urinierenden Kuh Potters Anstoß genommen wurde, da eine 1847 bemalte Porzellanplatte des Künstlers Stoletow das Gemälde ohne dieses Detail reproduzierte.[92]

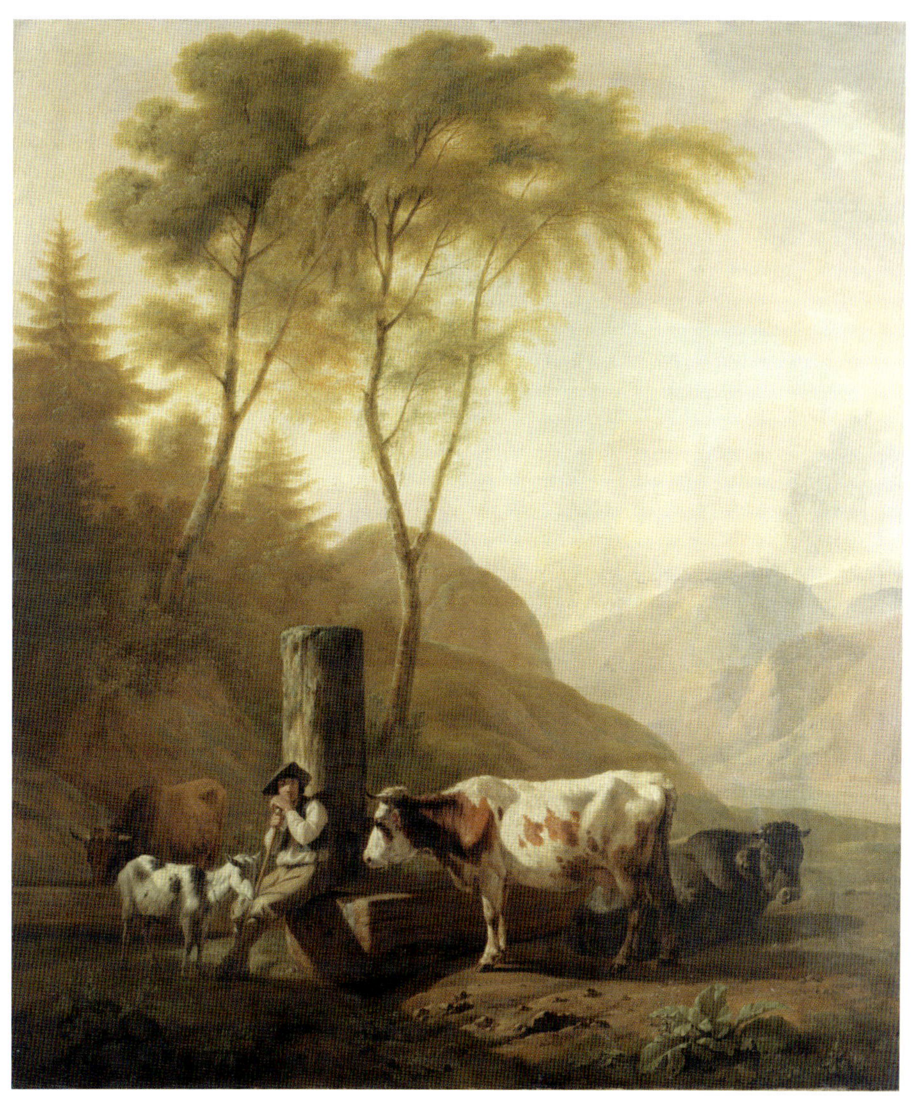

Abb. 27
Carl Kuntz, Hirt und Herde am Brunnen, 1801, Leinwand, 140,5 x 123,8 cm,
Hessen Kassel Heritage, Neue Galerie, Inv. Nr. 1875/1016

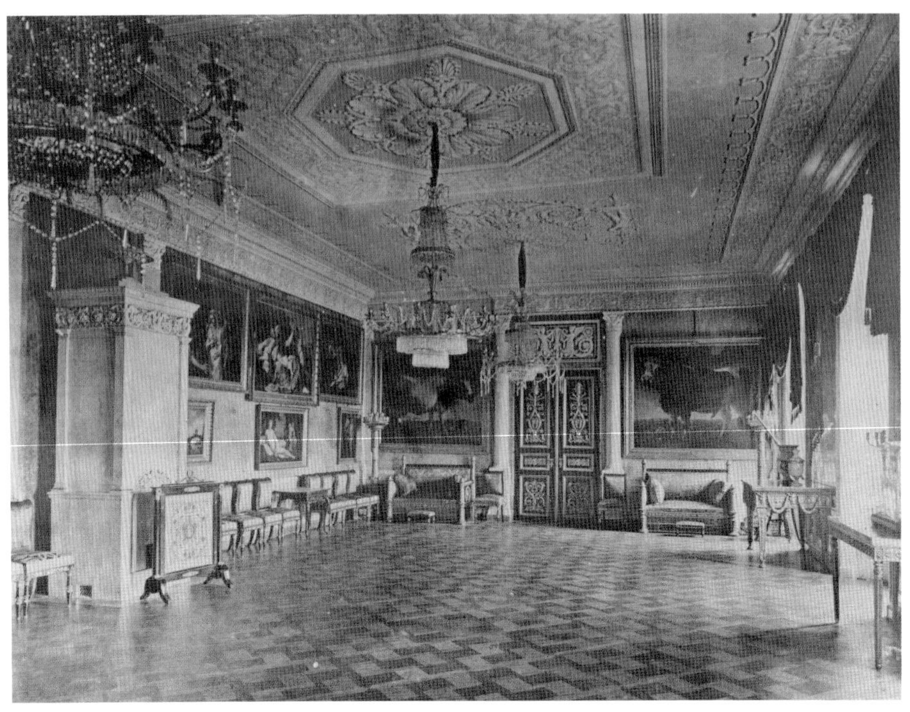

Abb. 28 Schloss Wilhelmshöhe, Speisesaal, Foto um 1920, Hessen Kassel Heritage, Archiv

In Kassel dagegen lebten die verlorenen Werke nicht nur in Stichen weiter, sondern als man das Schloss Wilhelmshöhe unter Kurfürst Wilhelm II. neu einrichtete, wurden an der Wand zum Speisesaal zwei monumentale Gemälde mit einer Kuh und einem Stier aufgehängt (Abb. 28). Im Inventar 1816 werden sie als »N.N. le Roy« geführt, womit wohl der Künstler Jean-Baptiste de Roy (1759–1839) gemeint sein dürfte, der sich intensiv an Potters Werk orientierte. Die beiden großen Gemälde lassen unschwer ihre Inspiration durch Potters berühmten *Stier* in Den Haag erkennen. Wann genau sie in Auftrag gegeben wurden, lässt sich derzeit nicht bestimmen. Da sie aber bereits im Inventar 1816 nur noch mit einem Notnamen geführt werden, könnte es sein, dass sie unter König Jérôme nach Kassel gelangten, der ja auch andere französische Künstler für seinen Hof mit Aufträgen versah. Die beiden monumentalen Tierstücke im Schloss, die sich seit dem Zweiten Weltkrieg in schlechtem Zustand im Depot befinden, werfen die Frage nach der Bedeutung von Potters Werk im 19. Jahrhundert auf.

Der Künstler und sein Werk im Wandel der Zeit

Es überrascht nicht, dass insbesondere im 19. Jahrhundert die Sicht auf den Künstler von romantisierenden Vorstellungen geprägt war. Ein charakteristisches Beispiel ist das 1841 entstandene Blatt von Jean Baptiste Madou (1796–1877), das Potter sinnierend vor der Staffelei mit seinem Gemälde *Der Stier* zeigt (Abb. 29).[93] Dass es gerade das berühmteste Gemälde des Künstlers war, das er betrachtete, dürfte kein Zufall sein. Künstler und Werk fallen gleichsam zusammen, und wenig später wurde der Künstler als »Raffael der Kühe« bezeichnet.

Im 20. Jahrhundert sank zwar der Stern Potters etwas, das Gemälde *Der Stier* blieb jedoch eines der beliebtesten im Mauritshuis in Den Haag, wenngleich sicher die Werke Vermeers oder Rembrandts heute zu den massentauglicheren Ikonen der Sammlung gehören. Der US-amerikanische Maler Mark Tansey schuf 1981 eine bemerkenswerte Paraphrase von Potters Gemälde. Unter dem Titel *The Innocent Eye Test* zeigt er in fotorealistischer Grisaillemalerei, wie eine Kuh vor Potters Gemälde geführt wird (Abb. 30).[94] Eine echte (gemalte) Kuh trifft auf einen gemalten Artgenossen. Mehrere Personen wohnen dem Geschehen bei, um sicher die Reaktion des Tieres beim Anblick des Gemäldes zu beobachten. Über den Bildwitz hinaus verweist Tansey mit seinem Werk auf Fragen der Bildrezeption im Allgemeinen. Wenngleich das Potter-Gemälde unschwer zu erkennen ist, fällt vielleicht nur bei genauer Beobachtung auf, dass der Künstler ein Detail verändert bzw. verdeckt. Dort, wo in Potters Werk der Landmann hinter dem Baum hervorschaut, befindet sich eine Leerstelle. Diese wiederum wird von der gemalten Figur davor eingenommen. Gemaltes Gemälde und gemalte Szene verschmelzen ineinander. Es ist verlockend, darin auch einen Kommentar zu John Bergers eingangs zitiertem Essay »Warum blicken wir Tiere an« zu sehen, der im Jahr zuvor erstmals

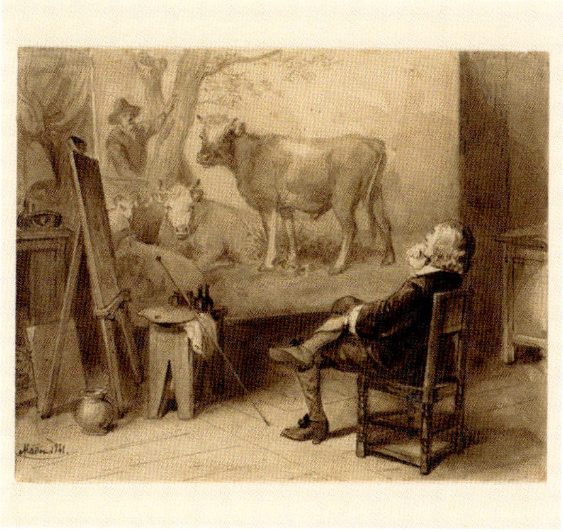

Abb. 29
Jean-Baptiste Madou, Paulus Potter vor der Staffelei, 1841, Aquarell, 10,3 x 13,3 cm, Amsterdam Museum, TA 10670

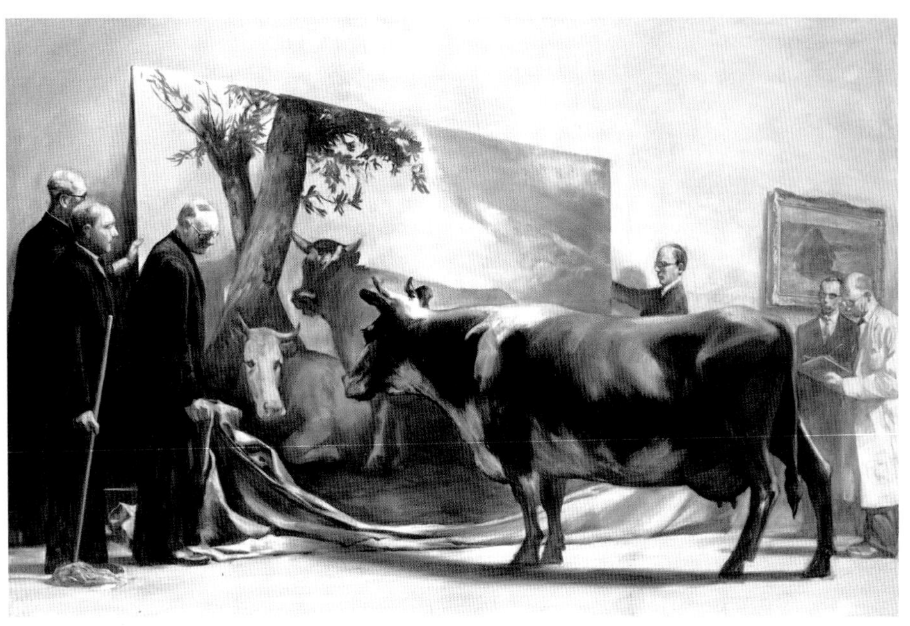

Abb. 30
© Mark Tansey, The Innocent Eye Test, 1981, Leinwand, 198,1 x 304,8 cm, Metropolitan Museum of Art, 1988.183

Abb. 31
Paulus Potter, Der Stier, Detail aus Abb. 1

erschienen war. Die Augen eines Tieres sind, wenn sie einen Menschen betrachten, aufmerksam und wachsam. Das gleiche Tier wird wahrscheinlich andere Tiere auf die gleiche Weise ansehen. Für den Menschen ist kein besonderer Blick reserviert. Doch keine andere Gattung als die des Menschen wird den Blick des Tieres als vertraut empfinden. Andere Tiere nimmt der Blick gefangen. Der Mensch jedoch wird sich, indem er den Blick erwidert, seiner selbst bewußt.«[95]

So betrachtet, sagen Potters Gemälde – und eben darauf sich beziehende Werke – letztendlich viel mehr über den Menschen als über die dargestellten Tiere aus.

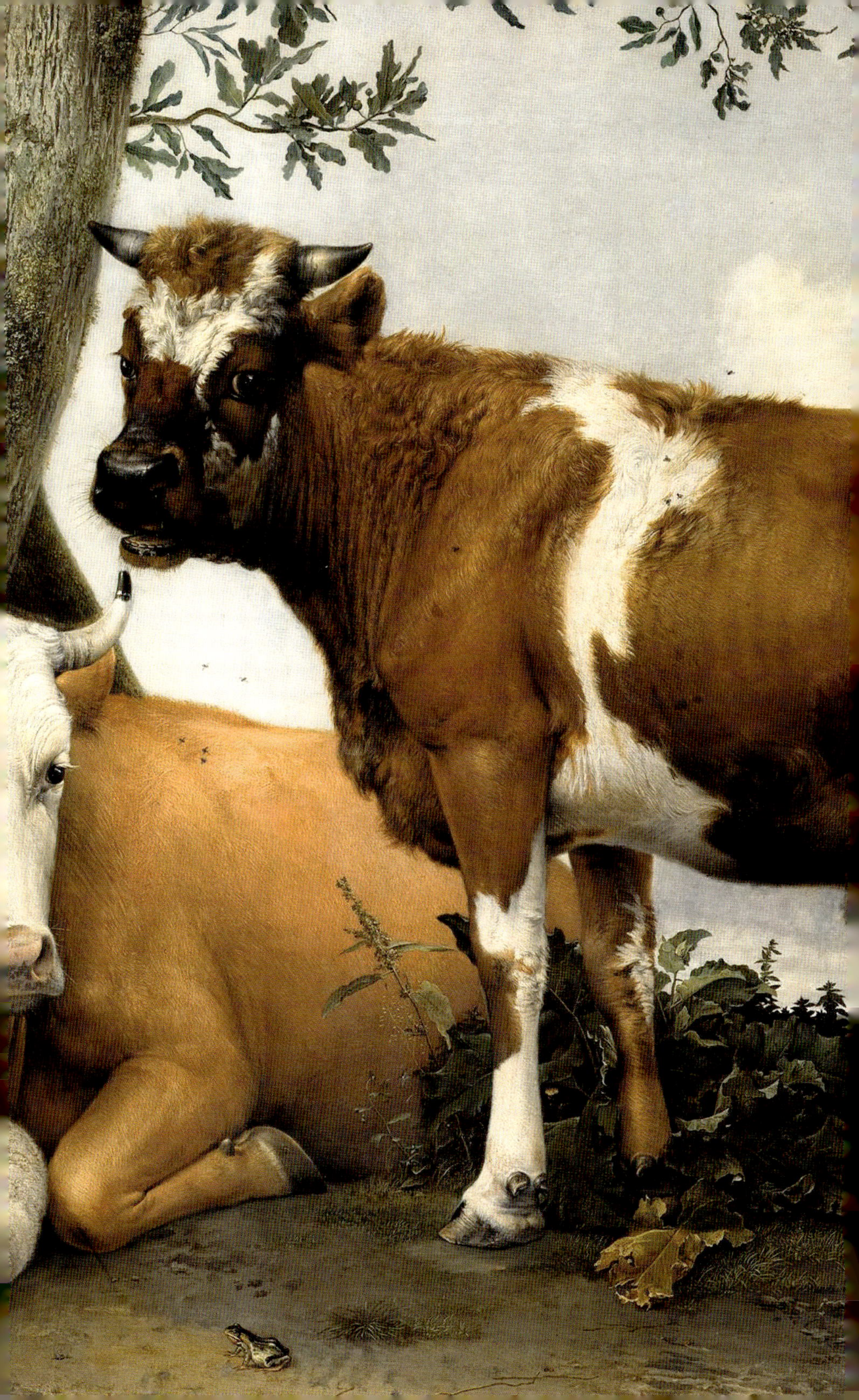

1 Wagner 2023, S. 18.
2 Zitiert nach der deutschen Übersetzung von Stephen Tree. Berger 1992, S. 8.
3 Kat. Den Haag 2004, S. 244–245.
4 Hoes 1988, S. 87–100.
5 Hoes 1988, S. 89.
6 Causid 1783, S. 13 (Nr. 42), 31 (Nr. 105), 49 (Nr. 54), 53 (Nr. 69), 72 (Nr. 120), 118 (Nr. 100), 119 (Nr. 103), 179 (Nr. 52) und 196 (Nr. 21).
7 Ein kritischer catalogue raisonné der Werke Potters liegt noch nicht vor. Den aktuellen Stand hat Amy Walsh 1985 in ihrer Dissertation zusammengefasst. Er bildete auch die Grundlage für die Ausstellung in Den Haag 1994.
8 Kat. Amsterdam 1976, S. 454–455. Siehe: https://www.rijksmuseum.nl/en/rijksstudio/artists/paulus-potter (letzter Zugriff am 25.07.2024).
9 Das Folgende nach Walsh 1985, S. 16–50, und Ausst. Kat. Den Haag 1994, S. 10–19.
10 Kat. Den Haag 2004, S. 148–149.
11 Buvelot 2015, S. 92–96.
12 Van Westrheene 1867, S. 145–174.
13 Van Westrheene 1867, S. 175–179.
14 Hofstede de Groot 1911, S. 615–688.
15 Von Arps-Aubert 1932, S. 35–45.
16 Ausst. Kat. Den Haag 1994, S. 20.
17 Ausst. Kat. Lyon 1992, S. 238–239; Kat. Kassel 1996, S. 222.
18 Dibbits / Verslype / Wallert 2008.
19 Von Both / Vogel 1964, S. 130–147; Korthals Altes 2003, S. 185–205.
20 Von Drach 1890.
21 Von Drach 1888, S. LXVI.
22 Kat. Kassel 1996, S. 76.
23 Kat. Kassel 1996, S. 221–222.
24 Ausst.-Kat. Den Haag 1994, Kat. Nr. 15.
25 Ausst.-Kat. Den Haag 1994, Kat. Nr. 24.
26 Ausst.-Kat. Den Haag 1994, Kat. Nr. 4. Kat. Kassel 1996, S. 221.
27 Von Drach 1888, S. LI–LII.
28 Ausst.-Kat. Den Haag 1994, Kat. Nr. 6.
29 Ausst.-Kat. Den Haag 1994, Kat. Nr. 17.
30 Korthals Altes 2003, S. 192–196; Rehm 2017, S. 216–225.
31 Moes 1913, S. 20 (Nr. 58), 23 (Nr. 102 und 110).
32 Kat. Kassel 1888, S. 219–220; Kat. Kassel 1996, S. 76.
33 Von Drach 1888, S. LIX.
34 Kat. Kassel 1996, S. 76, 80 und 252.
35 Kat. Kassel 1996, S. 232; Ausst. Kat. Kassel 2006, S. 195–201, sowie https://the-big-picture.rkdstudies.nl/3-praising-and-pricing-wilhelm-viii-von-hessen-kassel-as-collector-of-rembrandt/ (letzter Zugriff am 25.07.2024).
36 Von Drach 1888, S. LXX–LXXI.
37 Von Both / Vogel 1973, S. 213–242.
38 Lange / Trümper 2012, S. 88–91; Lange 2016, S. 146–149.
39 Causid 1783, S. 49–54.
40 Lange 2016a, S. 214.
41 Causid 1783, S. 68–79.
42 Causid 1783, S. 118–119, 129, 179 und 196.
43 Schnackenburg 2004, S. 34–35.
44 Rehm 2020, S. 269.
45 Zitiert nach Savoy 2006, S. 440.
46 Zitiert nach Savoy 2006, S. 442.
47 Zitiert nach Savoy 2006, S. 443.
48 Lange 2003.
49 Kat. München 2005, S. 277; Kat. Kassel 1996, S. 249.
50 Hessen Kassel Heritage, Archiv, Best. (7.13 Historische Akten), A 150.
51 Gronau / Herzog 1969, S. 42–55; Franz / Reupke 2015.
52 Ausst. Kat. Kassel 2008.
53 Savoy 2010, Bd. II, S. 276–279.
54 Van Westrheene 1867, 167–168.
55 Kat. Kassel [um 1867], S. 48.
56 Kat. Kassel [um 1882], S. 32 und 38.
57 Kat. Kassel [um 1882], S. 9–10.
58 Kat. Kassel 1888, S. 219–220.
59 Kat. Kassel 1907, Tafel 35.

60 Zoege von Manteuffel [1924], Tafel 2 und 3.
61 Zum Folgenden siehe Heuss 2000, S. 251–283. Für weitere Hinweise danke ich Günther Kuss.
62 Heidelbach 1914; Degering 1917; Clemen 1918. Siehe auch Kott 2006, S. 216.
63 Gronau 1914; Gronau 1917; Gronau 1918.
64 Gronau 1918a.
65 Hessen Kassel Heritage, Archiv, Best. (7.13 Historische Akten), A 183.
66 Hessen Kassel Heritage, Archiv, Best. (7.13 Historische Akten), A 206.
67 Hessen Kassel Heritage, Archiv, Best. (7.13 Historische Akten), A 183.
68 Hessen Kassel Heritage, Archiv, Best. (7.13 Historische Akten), A 63.
69 Heuss 2000, S. 66–67.
70 Hessen Kassel Heritage, Archiv, Best. (7.13 Historische Akten), A 206.
71 Hessen Kassel Heritage, Archiv, Best. (7.13 Historische Akten), A 206.
72 Van Heugten 1988, S. 10.
73 Elpers 2005.
74 Koppenol 2007, S. 467.
75 Van Heugten 1988, S. 11.
76 Siehe dazu Münch 2015.
77 Vroom 2012, S. 30.
78 Vroom 2012, S. 31.
79 Vroom 2012, S. 32.
80 Vroom 2012, S. 33-34.
81 Koppenol 2007, S. 470–472.
82 Phaedrus 1996, S. 44–45, Nr. 24.
83 Zur Akademiegeschichte nach wie vor nützlich: Knackfuß 1908; sowie neuerdings Sitt 2018.
84 Knackfuß 1908, S. 21; Sitt 2018, S. 15–16.
85 Fürstl. Hessen-Casselische Staats- und Gelehrte Zeitung, 9. März 1778 (Abschrift im Archiv von Hessen Kassel Heritage).
86 Fürstl. Hessen-Casselische Staats- und Gelehrte Zeitung, 11. März 1779. (Abschrift im Archiv von Hessen Kassel Heritage).
87 Sitt 2018, S. 195 (zu Range). Hoyer ist dort nicht erwähnt.
88 Aquarell und Feder in Schwarz und Braun auf Bütten, auf Karton aufgezogen. 21 x 32,8 cm (26,9 x 39,4 cm), Grisebach, Auktion 207, 29. Mai 2013, lot. 106.
89 Oldenburg 2024.
90 Goethe 1817, S. 78–79.
91 Kat. Kassel 2006, S. 166–167.
92 Ausst. Kat. Kassel 2008, S. 41–43.
93 Amsterdam Museum, aquarellierte und lavierte Federzeichnung 103 x 133 mm, Inv. Nr. TA 10670. http://hdl.handle.net/11259/collection.40409 (letzter Zugriff 29.05.2024).
94 Danto 1992, S. 16–18; Siehe auch Locher 2023, S. 19–20.
95 Berger 1992, S. 8.

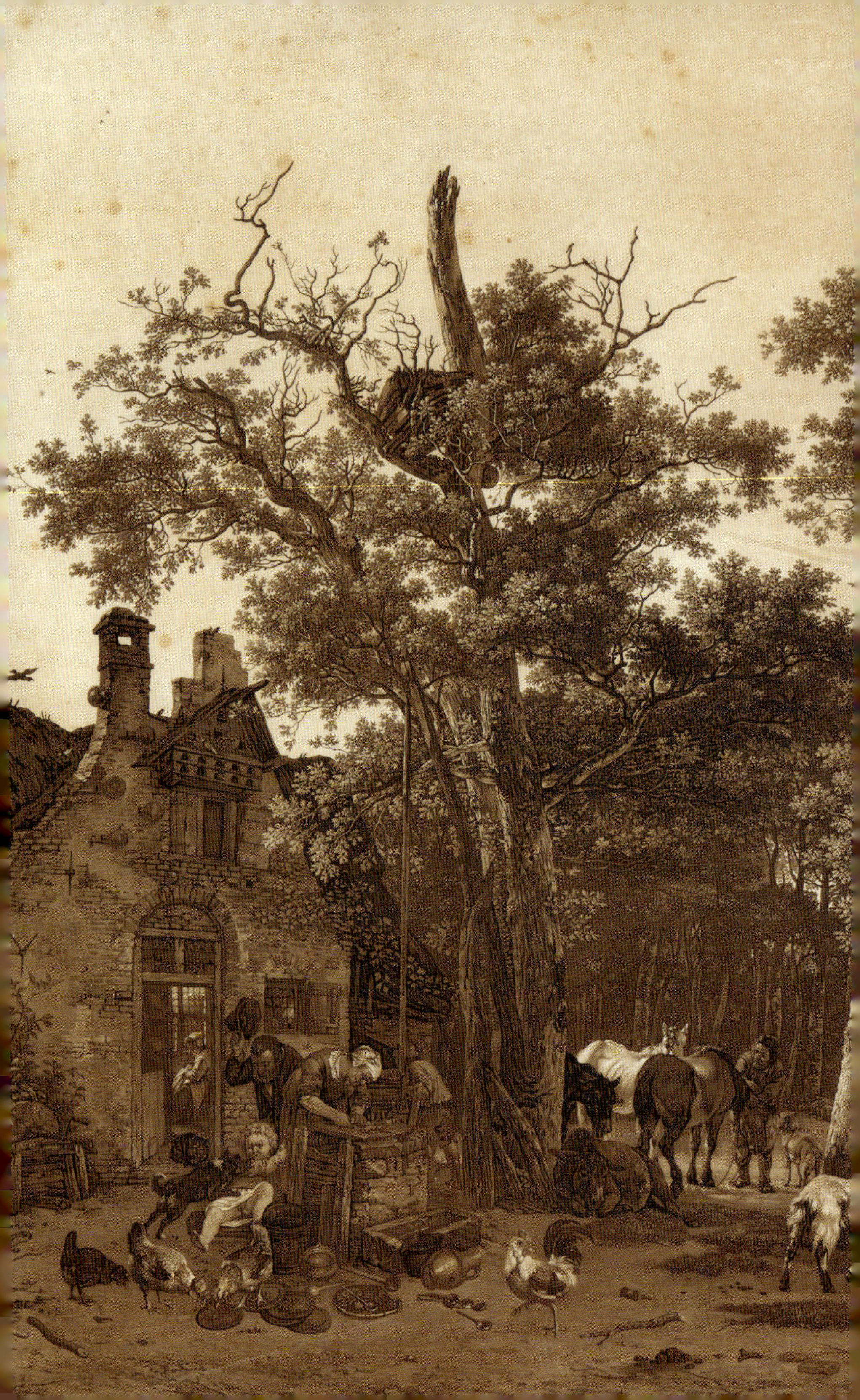

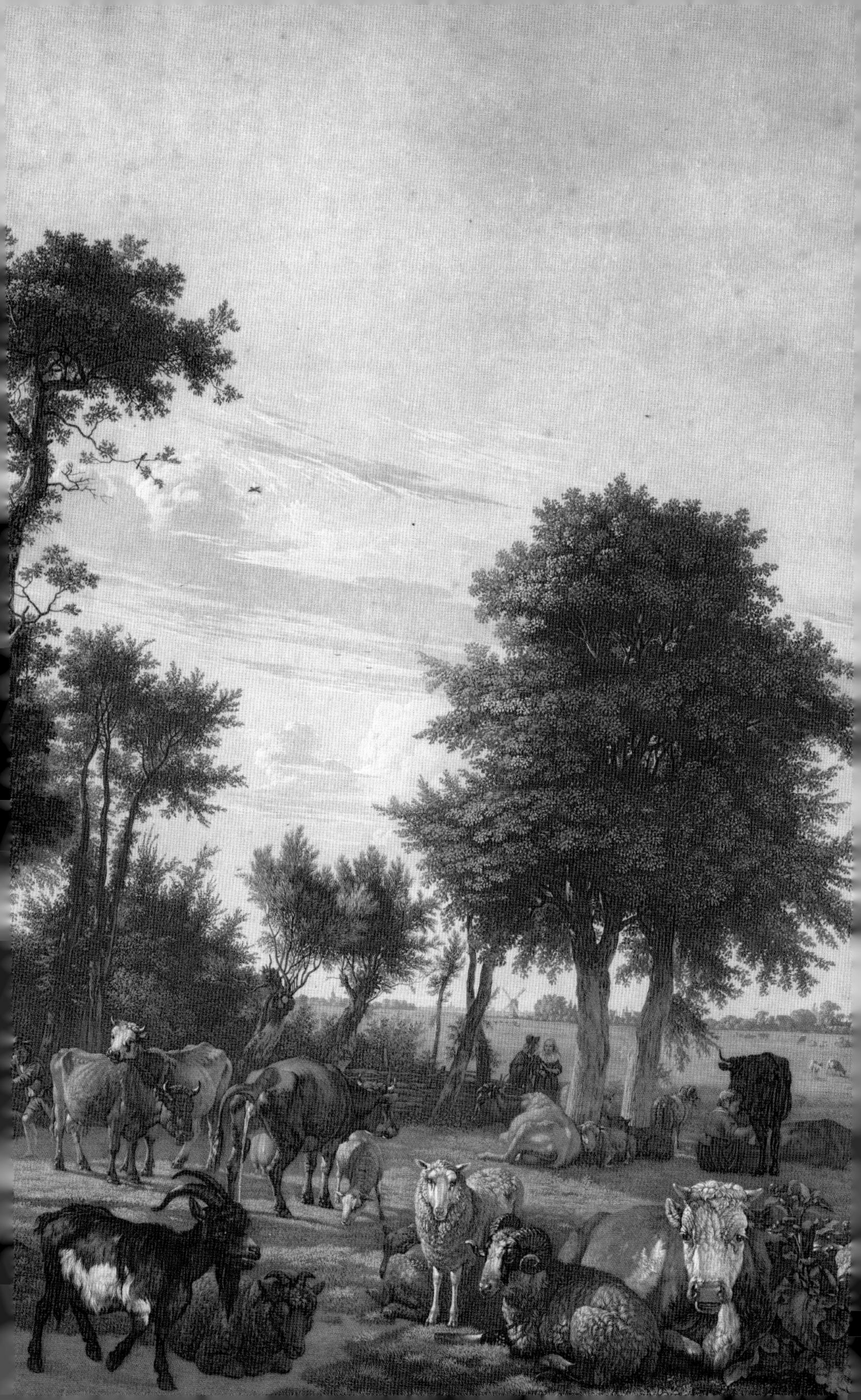

Verzeichnis der zitierten Literatur

Ausst. Kat. Den Haag 1994
Potter, Paulus: Paintings, drawings and etchings. Ausst. Kat. Mauritshuis, Den Haag, hrsg. von Amy Walsh, Edwin Buijsen und Ben Broos, Zwolle 1994.

Ausst. Kat. Kassel 2006
Rembrandt-Bilder. Die historische Sammlung der Kasseler Gemäldegalerie. Ausst. Kat. Kassel, Staatliche Museen Kassel, Schloss Wilhelmshöhe, hrsg. von Gregor J. M. Weber u. a., München 2006.

Ausst. Kat. Kassel 2008
König Lustik!? Jérôme Bonaparte und der Modellstaat Königreich Westphalen. Ausst. Kat. Kassel, Museumslandschaft Hessen Kassel, Museum Fridericianum, hrsg. von Michael Eissenhauer u. a., München 2008.

Ausst. Kat. Lyon 1992
Flandre et Hollande au Siècle d'Or. Chefs-d'œuvre des Musées de Rhône-Alpes. Ausst. Kat. Musée des Beaux-Arts, Lyon / Musée de Brou, Bourg en Bresse / Musée Déchelette, Roanne, hrsg. von Eric Moinet u. a., Lyon 1992.

Berger 1992
Berger, John: Das Leben der Bilder oder die Kunst des Sehens, Berlin 1992.

Buvelot 2015
Buvelot, Quentin: A newly discovered letter to Arnold Houbraken on the life of Paulus Potter, in: Burlington Magazine, CLVII (February 2015), S. 92–96.

Causid 1783
Causid, Simon: Verzeichniß der Hochfürstlich-Heßischen Gemählde-Sammlung in Cassel, Cassel 1783.

Clemen 1918
Clemen, Paul: Die geraubten Gemälde aus der Casseler Galerie in St. Petersburg, in: Antiquitäten Rundschau. Zeitschrift für Museen, Sammler und Antiquare, 16 (Februar 1918), S. 25–27.

Danto 1992
Danto, Arthur C. / Tansey, Mark: Visions and Revisions, New York 1992.

Degering 1917
Degering, Hermann: Französischer Kunstraub in Deutschland 1794–1807, in: Internationale Monatsschrift für Wissenschaft, Kunst und Technik, 11 (1917),S. 1–48.

Dibbits / Verslype / Wallert 2008
Dibbits, Taco / Verslype, Ige / Wallert, Arie: »Herders met vee«. Rijksmuseum versus Woburn Abbey, in: The Rijksmuseum bulletin, 56 (2008), 1 / 2, S. 66–81, 249–250.

Elpers 2005
Elpers, Sophie: Frau Antje bringt Holland. Kulturwissenschaftliche Betrachtungen einer Werbefigur im Wandel, Münster / New York / München / Berlin 2005.

Franz / Reupke 2015
Franz, Anna / Reupke, Daniel: Der Lagrange'sche Kunstraub von 1806 in Kassel – historischer Kontext und juristische Aspekte, in: Zeitschrift des Vereins für hessische Geschichte und Landeskunde (ZHG) Band 120 (2015), S. 83–114.

Goethe 1817
Goethe, Johann Wolfgang von: Kunst und Alterthum in den Rhein- und Mayngegenden, Erster Band, Drittes Heft, Stuttgart 1817.

Gronau 1914
Gronau, Georg: Die Verluste der Kasseler Galerie in den Jahren 1806 und 1807, in: Hessenland, 28 (September 1914), S. 271–273.

Gronau 1917
Gronau, Georg: Die Verluste der Casseler Galerie in der Zeit der französischen Okkupation 1806–1813, in: Internationale Monatsschrift für Wissenschaft, Kunst und Technik, 11 (1917), Sp. 1063–1096.

Gronau 1918
Gronau, Georg: Die »Kasseler Bilder« in der Eremitage-Galerie, in: Kunstchronik, 40 (30. August 1918), Sp. 441–444.

Gronau 1918a
Gronau, Georg: Die »Kasseler Bilder« in der Eremitage-Galerie. Offener Brief an Maximilian Harden, in: Hessenland, 32 (August 1918), S. 145–148.

Gronau / Herzog 1969
Gronau, Georg / Herzog, Erich: Die Gemäldegalerie der Staatlichen Kunstsammlungen Kassel, Hanau 1969.

Heidelbach 1914
Heidelbach, Paul: Was darf die Kasseler Galerie von einem siegreichen Krieg erwarten?, in: Hessenland, 28 (September 1914), S. 256–261.

Heuss 2000
Heuss, Anja: Kunst- und Kulturgutraub. Eine vergleichende Studie zur Besatzungspolitik der Nationalsozialisten in Frankreich und der Sowjetunion, Heidelberg 2000.

Hoes 1988
Hoes, Joannes: »Het vee zooals het is en niet ander«: De reputatie van Paulus Potter (1625–1654), in: Meesterlijk Vee. Nederlandse veeschilders 1600–1900. Ausst. Kat. Dordrechts Museum, Dordrecht / Fries Museum Leeuwarden, hrsg. von C. Boschma u. a., Zwolle 1988, S. 87–100.

Hofstede de Groot 1911
Hofstede de Groot, Cornelis: Beschreibendes und kritisches Verzeichnis der Werke der hervorragendsten holländischen Maler des XVII Jahrhunderts, Band 4. [Jacob van Ruisdael, Meindert Hobbema, Adriaen van de Velde, Paulus Potter], Esslingen 1911.

Kat. Amsterdam 1976
All the paintings of the Rijksmuseum in Amsterdam. A completely illustrated catalogue, edited by Pieter J. J. van Thiel, Amsterdam 1976.

Kat. Den Haag 2004
Royal Picture Gallery Mauritshuis. A summary catalogue, edited by Quentin Buvelot, Zwolle 2004.

Kat. Kassel [um 1867]
Aubel, Karl Christian: Verzeichniß der in dem Lokale der Gemälde-Gallerie zu Cassel befindlichen Bilder, Cassel o. J. (um 1867).

Kat. Kassel [um 1882]
Eisenmann, Oscar: Führer durch die Kgl. Gemäldegalerie zu Cassel, Cassel [um 1882].

Kat. Kassel 1888
Eisenmann, Oscar: Katalog der Königlichen Gemälde-Galerie zu Cassel, Cassel 1888.

Kat. Kassel 1907
Eisenmann, Oscar / Philippi, Adolph: Album der Casseler Galerie. Vierzig Farbendrucke, Leipzig 1907.

Kat. Kassel 1996
Schnackenburg, Bernhard: Gesamtkatalog Gemäldegalerie Alte Meister Kassel, Mainz 1996.

Kat. Kassel 2006
Heinz, Marianne: Museumslandschaft Hessen Kassel, Gemälde des 19. Jahrhunderts. Bestandskatalog, Wolfratshausen 2006.

Kat. München 2005
Bayerische Staatsgemäldesammlungen München, Alte Pinakothek. Ausgewählte Werke, hrsg. von Reinhold Baumstark, München / Köln 2005.

Koppenol 2007
Koppenol, Johan: Noah's Ark disembarked in Holland: Animals in Dutch Poetry, 1550–1700, in: Early Modern Zoology. The Construction of Animals in Science, Literature and the Visual Arts, edited by Karl A. E. Enenkel / Paul J. Smith, Leiden / Boston 2007, S. 451–528.

Korthals Altes 2003
Korthals Altes, Everhard: De verovering van de internationale kunstmarkt door de zeventiende-eeuwse schilderkunst. Enkele studies over der verspreiding van Hollandse schilderijen in de eerste helft van de achttiende eeuw, Leiden 2003.

Kott 2006
Kott, Christina: Préserver l'art de l'ennemi? Le patrimoine artistique en Belgique et en France occupées, 1914–1918, Brüssel 2006.

Knackfuß 1908
Knackfuß, Hermann: Geschichte der Königlichen Kunstakademie zu Kassel. Aus den Akten der Akademie zusammengestellt, Kassel 1908.

Lange 2003
Lange, Justus: Mater dolorosa – Jusepe de Ribera in Kassel, in: Weltkunst/Heft 11, 15. (Oktober 2003), S. 1590–1591.

Lange 2016
Lange, Justus: Auf dem Weg zu einer musealen Hängung. Die Kasseler Gemäldegalerie von Landgraf Wilhelm VIII. von Hessen-Kassel (1682–1760), in: A. Joachimides u. a., Auf dem Weg zum Museum. Sammlung und Präsentation antiker Kunst an deutschen Fürstenhöfen des 18. Jahrhunderts, Kassel 2016, S. 127–150.

Lange 2016a
Lange, Justus: With Profound Expression. Landgrave Wilhelm VIII of Hesse-Kassel and His Appreciation for Schalcken's Work, in: Wallraf-Richartz-Jahrbuch. Jahrbuch für Kunstgeschichte, Band LXXVII, 2016, S. 205–220.

Lange / Trümper 2012
Lange, Justus / Trümper, Timo: Die Gemäldegalerie von Wilhelm VIII. Ein Rekonstruktionsversuch, in: Jahrbuch der Museumslandschaft Hessen Kassel 2011 (2012), S. 84–91.

Locher 2023
Locher, Hubertus: Kunsttheorie: Von der Antike bis zur Gegenwart, München 2023.

Moes 1913
Moes, Ernst Wilhelm: Het Kunstkabinet van Valerius Röver te Delft, in: Oud-Holland, 31 (1913), S. 4–24.

Münch 2015
Münch, Birgit Ulrike: Genremalerei im Theoriediskurs und die ›Schwingungsweiten‹ der Gattung mit Blick auf die ›Melkmeid‹ des Lucas van Leyden, in: Peiraikos' Erben: die Genese der Genremalerei bis 1550, hrsg. von ders. u. a., Wiesbaden 2015, S. 50–81.

Oldenburg 2024
Landesmuseum Kunst & Kultur Oldenburg, Objekt des Monats, (Johann Heinrich Wilhelm Tischbein, Szene aus dem Leben des Jägers), Mai 2024.

Phaedrus 1996
Phaedrus, Fabeln. Lateinisch – deutsch. Herausgegeben und übersetzt von Eberhard Oberg, Darmstadt 1996.

Rehm 2017
Rehm, Stefanie: Die Rekonstruktion eines spektakulären Ankaufs im Jahr 1750. Landgraf Wilhelm VIII. und die Sammlung Röver aus Delft, in: Jahrbuch der Museumslandschaft Hessen Kassel 2016, (2017), pp. 216–225.

Rehm 2020
Rehm, Stefanie: Tischbein und die Kunst des »Goldenen Zeitalters«: Rezeptionsgeschichte(n) um 1800, Heidelberg 2020.

Savoy 2006
Savoy, Bénédicte (Hrsg.): Tempel der Kunst: die Geburt des öffentlichen Museums in Deutschland; 1701–1815, Mainz 2006.

Savoy 2010
Savoy, Bénédicte: Kunstraub. Napoleons Konfiszierungen in Deutschland und die europäischen Folgen; mit einem Katalog der Kunstwerke aus deutschen Sammlungen im Musée Napoléon, Wien u. a. 2010.

Schnackenburg 2004
Schnackenburg, Bernhard: »Pan und Syrinx« von 1747 bis 1814: Stationen aus der Geschichte eines Kasseler Galeriebildes. In: Ausst. Kat. Pan & Syrinx. Eine erotische Jagd. Peter Paul Rubens, Jan Brueghel und ihre Zeitgenossen, Staatliche Museen Kassel, Gemäldegalerie Alte Meister, Schloß Wilhelmshöhe, hrsg. von Justus Lange, Kassel 2004, S. 16–39.

Sitt 2018
Sitt, Martina (Hrsg.): »Geeignet, junge Künstler zu belehren…« Die Anfänge der Kasseler Kunstakademie (1777–1830), Hamburg 2018 (2. Erweiterte Auflage).

Van Heugten 1988
Van Heugten, Sjraar: Grazende modellen. Aspecten van het Nederlandse veestuk, in: Meesterlijk Vee. Nederlandse veeschilders 1600–1900. Ausst. Kat. Dordrechts Museum, Dordrecht / Fries Museum Leeuwarden, hrsg. von C. Boschma u. a., Zwolle 1988, S. 10–55.

Van Westrheene 1867
Van Westrheene, Tobias: Paulus Potter, sa vie et ses oeuvres, Den Haag 1867.

Von Arps-Aubert 1932
Von Arps-Aubert, Rudolf: Die Entwicklung des reinen Tierbildes in der Kunst des Paulus Potter, (Phil. Diss.), Halle 1932.

Von Both / Vogel 1964
Von Both, Wolf / Vogel, Hans, Landgraf Wilhelm VIII. von Hessen-Kassel. Ein Fürst der Rokokozeit, München / Berlin 1964.

Von Both / Vogel 1973
Von Both, Wolf / Vogel, Hans, Landgraf Friedrich II. von Hessen-Kassel. Ein Fürst der Zopfzeit, München / Berlin 1973.

Von Drach 1888
Von Drach, Carl Alhard: Nachtrag zur Geschichte der Casseler Gemäldegalerie. In: Kat. Kassel 1888, S. XXV–LXXI.

Von Drach 1890
Von Drach, Carl Alhard: Mittheilungen aus d. Briefwechsel des L. Wilhelm VIII mit dem Baron Häckel, betr. Gemäldeerwerbungen f. d. Kasseler Galerie (Zeitschr. »Hessenland«, Jahrgang 1890, Nr. 24, u. 1891, Nr. 1 u. 2).

Vroom 2012
Vroom, Wim: Milking the fat cow. A political allegory on the Netherlands during the revolt, in: The Rijksmuseum bulletin, 60 (2012), 1, S. 28–41.

Wagner 2023
Wagner, Jan: Im Auge des Esels. Über uns und die anderen Tiere, Frankfurter Allgemeine Zeitung, 4. November 2023, S. 18.

Walsh 1985
Walsh, Amy L.: Paulus Potter: his works and their meaning (Phil. Diss., Columbia University) 1985.

Zoege von Manteuffel [1924]
Zoege von Manteuffel, Kurt: Paulus Potter. Acht farbige Wiedergaben seiner Werke, Leipzig [1924].

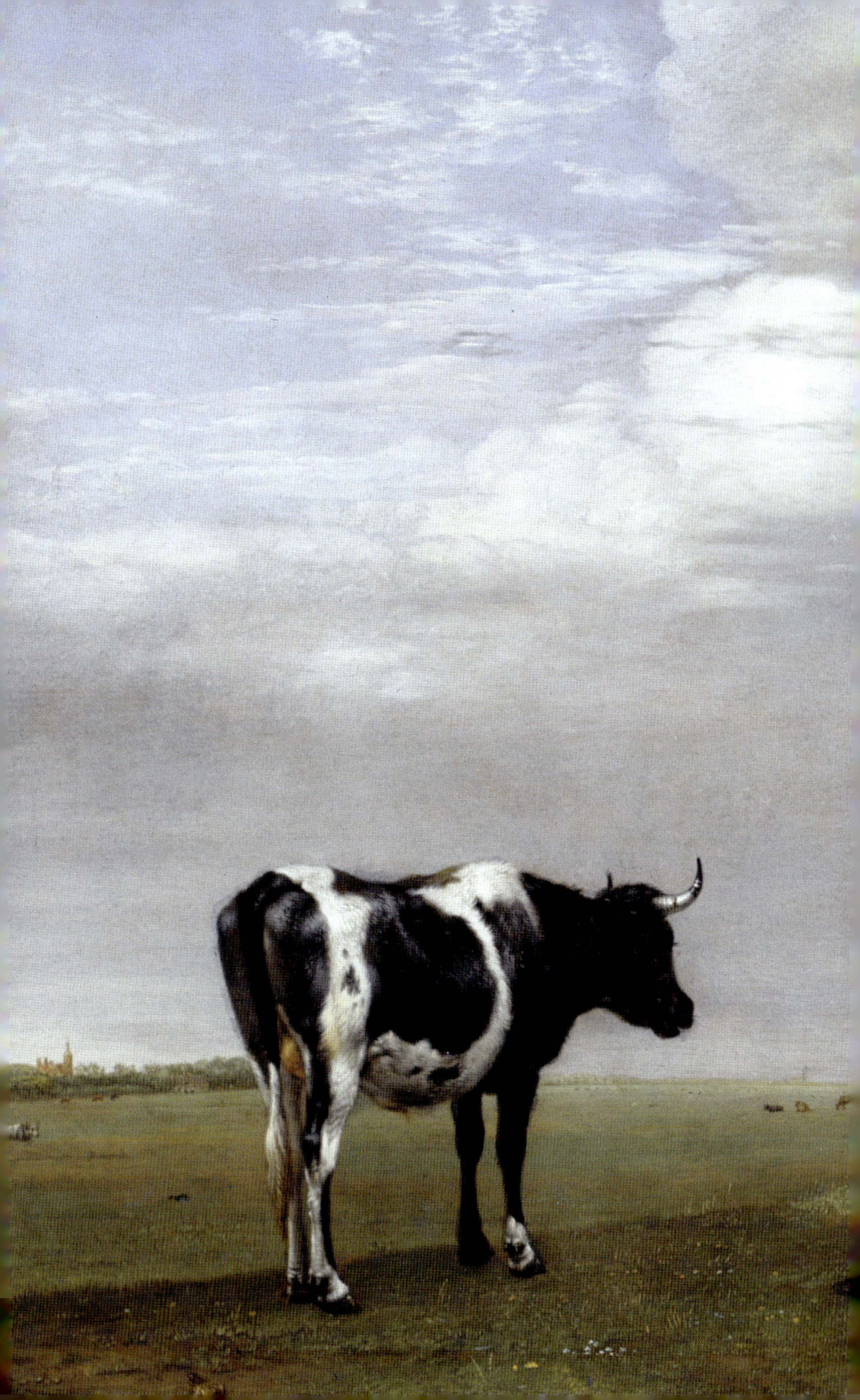

Bildnachweis

Alle Fotos Hessen Kassel Heritage
(Ute Brunzel, Mirja van IJken, Katrin Venhorst),
außer:

Abb. 1, 2 und 31:
Den Haag, Mauritshuis

Abb. 5, 6:
St. Petersburg, Staatliche Eremitage
(Tarker / Bridgeman Images)

Abb. 9:
München, Bayerische Staatsgemäldesammlungen,
Alte Pinakothek

Abb. 10:
Houston, Museum of Fine Arts

Abb. 14, 15:
Amsterdam, Rijksmuseum

Abb. 16:
Marburg, Hessisches Staatsarchiv

Abb. 29:
Amsterdam, Amsterdam Museum

Abb. 30:
bpk/© New York, The Metropolitan Museum of Art

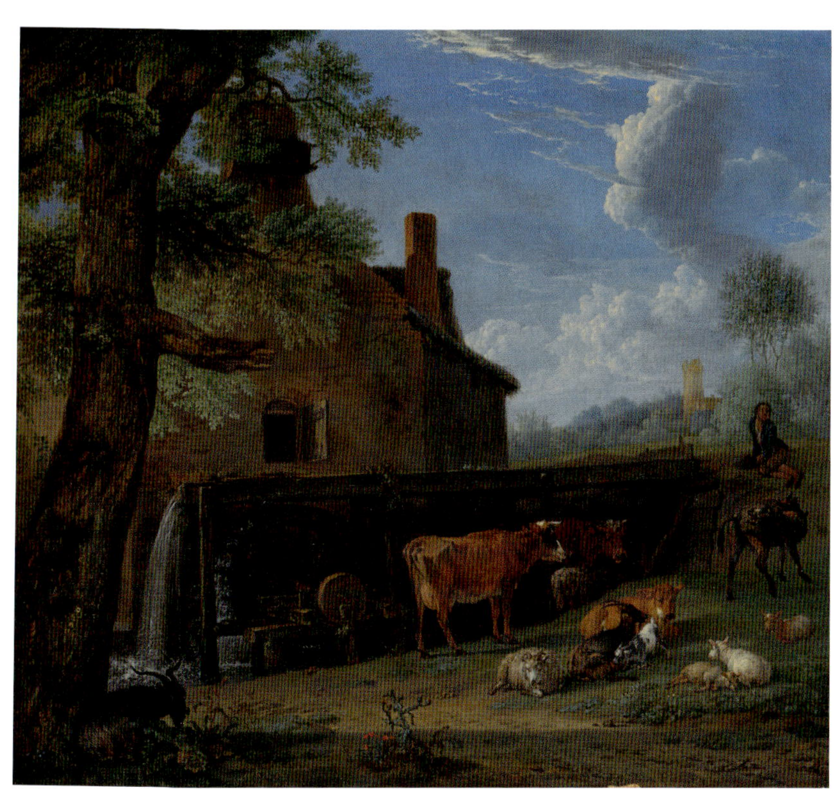

Paulus Potter, Die Wassermühle,
Hessen Kassel Heritage, Gemäldegalerie Alte Meister